El SEÑOR tu Dios

está en **medio de ti**,

Guerrero Victorioso;

se gozará en ti

con **alegría**.

(Sofonías 3:17)

El
GUERRERO VICTORIOSO

Desafiando a los Jóvenes a Apuntar hacia el Bien

Jerry y Michelle Shelfer

Sebastopol, California
2025

EL GUERRERO VICTORIOSO
Desafiando a los Jóvenes a Apuntar hacia el Bien
Jerry y Michelle Shelfer

Edición en Español
Copyright © 2025 Jerry y Michelle Shelfer
ISBN: 979-8-9897621-5-6

Publicado por

RAELOCH
PUBLISHING CO.

Dedicación

Este libro está dedicado con gratitud a Ivan Githinji de Kenia, África, por cuya insistencia fue escrito. Oramos para que Dios escuche su súplica para que toda África llegue a conocer al Mesías Jesús y bendiga su ministerio con los jovenes.

Además, dedicamos este libro a nuestros trece nietos (y contando). Oramos para que puedan permanecer durante toda su vida bajo la bandera del Guerrero Victorioso, Jesús.

CONTENTS

Para Padres y Maestros

¡GRACIAS POR CONFIAR a su amado joven a nuestro cuidado! Este libro nace de nuestro reconocimiento de que los jóvenes de hoy necesitan desesperadamente que los adultos les digan la verdad y los guíen a través del mundo loco en el que están llegando a la mayoría de edad. Necesitan una enseñanza bíblica sólida y buena para combatir el mensaje impío e insalubre de la cultura. Unimos nuestras voces a las suyas y a las de todos los que están abordando esta necesidad. Nuestro deseo es dar a los jóvenes las herramientas para tomar buenas decisiones para obtener los mejores resultados en la vida.

Este libro es nuestra respuesta a una solicitud directa que recibimos de un devoto líder juvenil cristiano que vive en Kenia. Su nombre es Iván. Iván leyó nuestro primer libro sobre la sanación del dolor del aborto. Nos dijo que necesitaba un libro que actuara como una especie de "medicina preventiva" para los jóvenes de su comunidad, para ayudarlos a obtener y mantenerse en el camino correcto en la vida *antes* de llegar al punto en que se considere el aborto.

En este libro, ofrecemos el desarrollo de una mentalidad guerrera como una forma de inculcar un carácter noble en los jóvenes para que puedan ocupar su lugar como miembros contribuyentes de la sociedad y el cuerpo de Cristo. Los invitamos a explorar la vida espiritual y los guiamos a través de una comprensión bíblica de Dios, dirigiendo su atención hacia el Guerrero Victorioso, Jesús, y la batalla milenaria contra el mal. Presentamos a los lectores ejemplos de historias, buenas y malas, dirigiéndolos hacia un ideal de verdad, excelencia y servicio a los demás, como se ejemplifica perfectamente en el propio Guerrero Victorioso, Jesús. Él es nuestro ejemplo exaltado, líder, ayuda y amigo.

Al usar el modelo del guerrero, *no* alentamos en absoluto el conflicto con los demás. Este libro no tiene la intención de promover la guerra o el conflicto de ningún tipo, excepto ese conflicto que tiene lugar en el reino espiritual entre las fuerzas del mal y el Dios de la Biblia, como se describe en Efesios 6:12. Este libro es abiertamente cristiano, adhiriéndose a la teología cristiana ortodoxa como la que se expresa en el Credo de los Apóstoles. Puedes estar seguro de que este libro no llevará a tu juventud a ningún agujero teológico.

El Guerrero Victorioso aborda algunos temas desafiantes de una manera apropiada para la edad del lector de trece a dieciocho años. Estos temas incluyen el uso de las redes sociales, el sexo, las drogas y el alcohol. El propósito de abordar estos temas es inculcar la necesidad de autocontrol como parte de la mentalidad del guerrero que valora la sobriedad y la piedad. Los jóvenes son particularmente vulnerables a la adicción, por lo que dedicamos algo de atención a las medidas preventivas en esas áreas. También se aborda el tema del aborto. Creemos que si no ofrecemos una visión bíblica de estos temas, los jóvenes obtendrán sus enseñanzas de otras fuentes que pueden no honrar a Dios.

Apocalipsis 12:11 dice que ganamos en la Gran Batalla del bien contra el mal por la sangre del Cordero y por la palabra de nuestro testimonio. Por esa razón, hemos elegido nuestra propia historia en nuestras enseñanzas.

Te animamos a usar *El Guerrero Victorioso* en grupos y permitir una discusión libre sobre los temas planteados. Los capítulos están destinados a generar conversación en un entorno grupal o con padres y familiares. Encontrarás materiales complementarios en nuestro sitio web: VictoriousWarrior.org.

Presentamos un mensaje completo del Evangelio a nuestros lectores, y esperamos que sea una ayuda para ellos o que les ayudes a encontrar personas adecuadas para responder las preguntas que puedan tener sobre Jesús y la Biblia.

También esperamos que los lectores saquen sus bolígrafos y lápices de colores y se involucren con las ilustraciones, que fueron hechas para ese propósito. Esperamos que los libros terminen completamente coloreados, garabateados y llenos de las notas marginales de los lectores.

Mientras vez a los jóvenes comenzar a entender y practicar apuntando hacia el bien usando su código y buscando el reino de Dios y su justicia, sé generoso con tus palabras. Celébralos cuando tomen buenas decisiones. Gracias de nuevo por acompañar a los jóvenes guerreros, mientras crecen con nosotros como adultos poderosos, maduros y centrados en Jesús.

Jerry y Michelle Shelfer
Prepare a Room Ministries

1 · Convertirse en un Guerrero

Querido Joven,

estás a punto de embarcarte en un viaje desafiante que te hará pensar y que posiblemente te cambie la vida. ¿Listo? comencemos con un experimento mental. Por un momento, imagínate en otro mundo: en este mundo, eres un valiente guerrero. Estás vestido de pies a cabeza con una armadura brillante, con una espada reluciente a tu lado. Tal vez estés montado en un caballo de espíritu elevado. Estás en una misión especial con un equipo altamente entrenado, bajo las órdenes del propio rey. Has sido elegido para esta misión porque has demostrado estar bien entrenado, ser leal y una persona de la más alta calidad. El rey sabe que con su ayuda y tu entrenamiento especial, completarás tu misión y serás victorioso.

Te invito a comenzar a convertirte en el guerrero que acabas de imaginar. Veamos qué es un guerrero. Los guerreros tienen un fuerte sentido del propósito. Se entrenan para pensar rápido y resolver problemas en un campo de batalla en constante cambio. Desarrollan herramientas para ayudarlos a tomar las mejores decisiones para cualquier circunstancia. Aprenden a trabajar bien con sus compañeros guerreros y a seguir códigos especiales de conducta.

Los guerreros tienen una vocación superior. Sirven como protectores y son conscientes de las necesidades de quienes los rodean. Utilizan su entrenamiento y excelencia para servir a los demás, y son muy conscientes de su papel en ayudar a promover el bien en la sociedad. Todo esto es parte de lo que llamamos *la mentalidad del guerrero*.

La palabra *guerrero* trae todo tipo de imágenes a nuestras mentes: imágenes de los poderosos zulúes de África, o los samuráis de Japón, o los caballeros medievales europeos en sus armaduras. Hombres y mujeres por igual han sido guerreros. Podemos encontrar guerreros enfrentando batallas en todas las épocas de la historia y en todo el mundo. Una cosa que tienen en común es que se preparan física, mental y moralmente para la batalla contra su enemigo. Los mejores de ellos han desarrollado una mentalidad aguda de guerrero, entrenados para la victoria.

Tus Batallas

No todas las batallas tienen lugar en un campo de batalla durante la guerra. De hecho, en tu vida personal, enfrentas muchos desafíos y obstáculos todos los días; estos desafíos y obstáculos también pueden verse como batallas. Por ejemplo, es posible que estés luchando contra la presión de otros para actuar de maneras que sabes que están mal. Es posible que estés luchando contra la tentación de complacer hábitos que no son buenos para ti. Es posible que estés luchando contra el miedo al rechazo. Hay tantas maneras en que tus experiencias de vida pueden aparecer como batallas.

¿Qué pasaría si pudieras enfrentar estas batallas sabiendo que estás equipado con las mejores habilidades y tácticas para tomar buenas decisiones? La mentalidad del guerrero te da una nueva forma de ver tus batallas para que puedas enfrentarlas de frente. Esta mentalidad puede servirte bien a lo largo de tu vida, sin importar las batallas que vengan. Te pondrá en el camino hacia tu mejor vida, una vida de victoria.

Los Juegos que Jugamos

Eres bueno en los juegos. Probablemente has jugado muchos. Sabes lo que es aprender las reglas, luchar para superar a tu oponente y hacer todo lo posible para ganar, ya sea en juegos de cartas, videojuegos, ajedrez, damas, balón prisionero y captura la bandera. Has aprendido que necesitas saber de

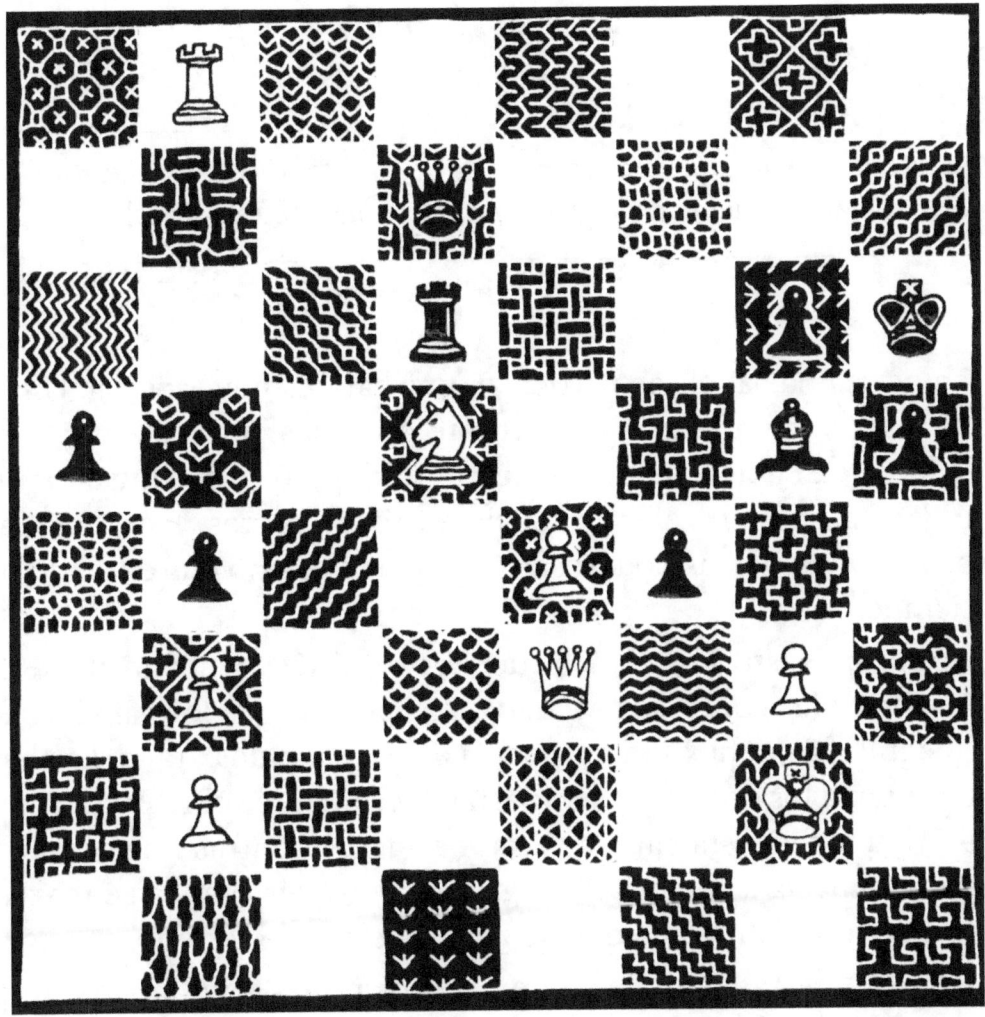

qué se trata el juego, el terreno, cómo se juega, los peligros y cómo pensar con anticipación para ganar. Sin embargo, no siempre ganas, por lo que también has aprendido a lidiar con la derrota: cómo levantarte de tus decepciones, sacudirte el polvo y volver a intentarlo.

Los juegos pueden verse como un tipo de batalla, y jugar juegos es una excelente manera de aprender estrategias a ganar y perder. Las lecciones que aprendes mientras juegas también se pueden usar en situaciones de la vida real. Cuando se te presentan opciones en la vida, puedes detenerte y elaborar una estrategia para tu mejor movimiento. Tienes objetivos, y a veces se te presentan obstáculos en tu camino. Quieres tomar las mejores decisiones para superar esos obstáculos para que puedas alcanzar tus objetivos y ganar.

Una Batalla Invisible

> *Nuestra lucha no es contra sangre y carne, sino contra…las huestes espirituales de maldad en las regiones celestiales.* **(Efesios 6:12)** [1]

Hablemos de una batalla en particular, una batalla muy especial. Una batalla que resulta ser la batalla más importante de todas. Y no es un juego, esta batalla es muy real. No tiene lugar en el mundo físico. Tiene lugar en un reino invisible, y está en plena efervescencia en todas partes. Esta batalla es un conflicto entre dos fuerzas poderosas que se han estado enfrentando durante mucho tiempo.

A través de un vasto paisaje, los guerreros chocan y truenan entre sí con el ruido de las espadas contra los escudos. Las pezuñas de los caballos golpean la tierra magullada mientras irrumpen en este campo de batalla. Las banderas que representan a los dos bandos ondean furiosamente sobre un terreno problemático. Algunos en esta batalla yacen heridos, mientras que otros encuentran su camino hacia la victoria. Los gritos de los derrotados se mezclan con los gritos de triunfo a medida que se gana y se pierde terreno.

Los inicios de esta batalla están envueltos en las sombras de un pasado antiguo, pero la batalla está en plena efervescencia incluso ahora en un reino invisible, el reino de lo espiritual. El mundo espiritual existe junto al mundo físico que podemos ver y tocar. Pero aunque la batalla es invisible, impacta el mundo físico de la vida diaria de las personas de maneras muy visibles y significativas.

Llamaremos a este concurso invisible la Gran Batalla. La Gran Batalla es la lucha milenaria entre el bien y el mal, y está sucediendo en este preciso momento. Te guste o no estar en esta batalla, estás en ella. ¿Por qué decir que estás en la Gran Batalla? Bueno, tracemos su origen hasta el comienzo de tu vida y veremos cómo llegaste aquí.

---

1. Las citas de la Biblia se separan con espadas como ves aquí.

Tus Comienzos

Todos entran en la Gran Batalla de la misma manera. Veamos tus comienzos. Cuando naciste, eras el centro del universo. No eras más que un adorable bebé lleno de emociones que necesitaba atención inmediata, y cuando llorabas, los adultos te atendían en todas tus necesidades. Tus llantos decían:

- **¡Alimentame!**

- **¡Cámbia mi pañal!**

- **¡Préstame atención a mí!**

Los adultos querían lo mismo que tú: satisfacer tus deseos y necesidades de inmediato y detener tu llanto. En el mejor de los casos, tus padres te dieron todo lo que querías porque te amaban. Era perfectamente normal que fueras "egocéntrico" en ese momento. Eso fue cuando eras muy, muy pequeño.

Pero a medida que creciste un poco, te animaron a ver que el mundo no giraba a tu alrededor. Y a medida que pasaba el tiempo, se esperaba más de ti. Cuando llorabas, los adultos no respondían tan rápido como antes. Todavía esperabas que vinieran corriendo. Entonces, tal vez gritaste más fuerte y golpeaste con los puños, pero recibiste cada vez menos satisfacción. Aprendiste a hacer un buen berrinche y a tener rabietas, pero estos comportamientos solo eran menos propensos a obtener lo que querías. Cuando las cosas no salían como tú querías, tal vez recurriste a morder o pellizcar, o romper juguetes como solución. Estabas listo para hacer cualquier cosa para salirte con la tuya.

Finalmente, aprendiste las reglas del juego. Aprendiste lo que estaba bien y lo que estaba mal, las difíciles lecciones que te llevarían de ser un bebé egocéntrico a convertirte en una persona joven y madura, consciente del mundo que te rodea y listo para tomar tu lugar en el. Algunos aprendieron esta lección fácilmente, y otros, bueno, no tanto.

Con suerte, tus padres te ayudaron a hacer esa difícil transición. Te regañaron cuando lastimaste a otros y te elogiaron cuando fuiste generoso.

Continuar mimándote te habría incapacitado para crecer, por lo que tus padres te empujaron fuera de tu zona de confort y te impulsaron hacia la madurez. Hicieron todo lo posible para civilizarte. Al menos, espero que lo hayan hecho. Si no lo hicieron, no es demasiado tarde. Puedes aprender ahora.

Y así, creciste poco a poco. Cuanto más tiempo pasaba, más decisiones tomabas. Experimentaste una nueva sensación extraña que los bebés no tienen: al hacer *lo que debes* hacer, en lugar de solo hacer *lo que te apetece*, desarrollaste un sentido de autoestima que proviene de hacer lo que sabes que es correcto. Aprendiste la regla de oro: tratar a los demás como quieres que te traten.

Cuanto más crecías, más te hacías responsable de tus decisiones, tanto buenas como malas. Al ser responsable de tus decisiones, comenzaste a luchar entre tomar decisiones correctas e incorrectas. Y cuando luchabas entre lo correcto y lo incorrecto, *fue entonces cuando pisaste el campo de batalla de esa Gran Batalla.*

Dónde Estás Ahora

Y aquí estás ahora, un adulto joven, y has tomado muchas decisiones en el camino a medida que has crecido. ¿Quién eres? eres único. Tienes talentos especiales dados por Dios que son únicos para ti, con tu propio conjunto de fortalezas para desarrollar y debilidades para superar.

Se te ha dado la oportunidad en la vida de tomar muchas decisiones, y se te ha dado libre albedrío. ¿Qué tipo de decisiones tomarás? depende de ti. La forma en que elijas determinará cómo se desarrolla esa Gran Batalla en tu vida. Es por eso que es importante pensar profundamente en tus decisiones. Debes tomar tus decisiones con cuidado y consideración, como lo haría un guerrero en la batalla. Si quieres vivir tu mejor vida, necesitas dar un paso adelante y abordar el desafío de tomar buenas decisiones como alguien que se entrena para ser un guerrero.

> **Aprender a ser un guerrero en la Gran Batalla es exactamente de lo que trata este libro.**

Aprender a ser un guerrero en la Gran Batalla es exactamente de lo que trata este libro. En este libro, perseguirás la mentalidad del guerrero. Aprenderás de los ejemplos (tanto buenos como malos) de quienes te precedieron. Reunirás las herramientas del guerrero necesarias para ser efectivo. Descubrirás exactamente cuál es la batalla que estás librando. Y te encontrarás con Jesús, el poderoso Guerrero Victorioso, y su reino, el reino de Dios. Al alinearte con el Guerrero Victorioso y buscar su ayuda, lograrás la victoria final y vivirás mejor tu vida.

Este libro *no* trata de entrenarte para luchar físicamente o servir en una guerra entre ejércitos en un campo de batalla físico y *no está absolutamente* destinado a animarte a entrar en conflicto con otras personas. En cambio, se trata de desarrollar en ti las herramientas para tomar buenas decisiones y cultivar el carácter interior especial que poseen los verdaderos guerreros.

Entonces, ¿estás listo para convertirte en un guerrero?

Comencemos con una historia de dos personajes que no aprendieron del todo sus lecciones cuando eran jóvenes, y veamos en qué tipo de problemas se metieron. Tal vez puedas aprender de sus errores.

Algunas preguntas para ti:

1. Habla sobre una batalla que enfrentas en tu vida diaria.

2. ¿Recuerdas un momento en el que pasaste de estar centrado en ti mismo a ser consciente de las necesidades de los demás?

3. ¿Qué lecciones de vida has aprendido jugando a tus juegos favoritos?

Notas:

7

2 • Dos que Perdieron Su Camino

Érase una vez un niño que vivía con su madre y su padre, en una pequeña cabaña cerca del borde del bosque de pinos. Pasaba la mayor parte de sus días solo, soñando despierto con ser un poderoso guerrero. Lo que diferenciaba a este niño de otros de su edad era que sus piernas eran bastante largas. Sus piernas eran tan largas que podía saltar sobre charcos, cercas o cualquier otra cosa que se interpusiera en su camino. La vida era fácil para él.

Cuando el niño creció, sus padres comenzaron a preocuparse porque deseaban que para entonces se hubiera vuelto más útil. Había mucho trabajo que hacer en sus tierras, y trataron de enseñarle cómo hacer las muchas tareas alrededor de la pequeña cabaña. Pero, por desgracia, cuando no estaba inventando aventuras para sí mismo, estaba ocupado leyendo libros sobre las vidas de los caballeros y sus misiones. Vivía en sus sueños, donde ya era un caballero que vivía una vida de aventuras, y para él, todas las criaturas del bosque parecían estar de acuerdo.

Cuando regresaba a casa después de un largo día matando dragones, luchando en su fiel corcel y buscando tesoros enterrados en el bosque, el padre del niño suspiraba y preguntaba con cansancio: "¿Dónde has estado todo el día? ¿Hiciste algún trabajo?"

Con la cabeza llena de aventuras y la vida de un aventurero, su vida real en la pequeña cabaña era un aburrimiento para él, porque estaba llena de responsabilidades que lo alejaban de sus ensoñaciones.

Además de las tareas que se esperaba que hiciera, había muchas reglas:

- **¡Haz tu tarea!**

- **¡Termina tus guisantes!**

- **¡Acuéstate temprano!**

Al chico de piernas largas no le gustaban mucho las reglas. Prefería la libertad del bosque, por lo que pasaba la mayor parte del tiempo fuera de casa.

Pasaron los años. Tan pronto como fue lo suficientemente grande, el chico de piernas largas decidió que se iría y comenzaría una nueva vida como soldado. Pensó que de esta manera podría convertirse en el guerrero que soñaba ser. Pensó que la vida de un soldado sería aventurera y divertida, por lo que se preparó para partir.

Cuando llegó el día en que el chico debía partir, su madre le preparó un almuerzo para llevar y le empacó un par de calcetines extra. Mientras se dirigía hacia la puerta, su padre guardó silencio, pero su madre lo apartó y le susurró estas palabras:

> *Hijo mío, recuerda esto y llévalo contigo al irte: Dios usó la cara de un hombre, para que pudiéramos mirarlo siempre. Si alguna vez necesitas ayuda, siempre puedes llamarlo. Él nunca te fallará, sino que te escuchará y te ayudará en tu momento de necesidad.*

> *Sin embargo, hay uno que vive en la oscuridad, y debes evitarlo, porque su hogar es la casa de la falsedad y su reino el dominio del infierno. Ama la verdad y aparta tu mente de sus mentiras, y no vaciles entre sus caminos y los caminos de Dios, porque el trabajo de quien vacila siempre será en vano. Hijo mío, nada es fácil. Si quieres realizar tus sueños, debes estar dispuesto a trabajar duro y servir a los demás.*

> Así, su madre lo abrazó y le dijo adiós con lágrimas en los ojos, sus palabras resonaban en sus oídos.

La Vida como Soldado

El niño de piernas largas guardó las palabras de su madre en lo más profundo de su mente, sin saber que un día llegarían a tener un gran valor para él. Se unió al ejército y se adentró en la milicia con altas expectativas de aventura.

Pero no pasó mucho tiempo antes de que se cansara de todo el trabajo duro que se necesitaba para convertirse en soldado. Tenía que marchar veinte millas con una mochila pesada. Tenía que estar de pie, firme durante horas. Tenía que arrastrarse sobre sus codos a través de campos de rocas. Y convertirse en soldado le obligó a seguir aún más reglas que cuando vivía en casa:

- ¡Brilla tus zapatos!

- ¡Haz tu cama!

- ¡Limpia tu arma!

Por mucho que le gustara *la idea* de convertirse en un poderoso guerrero, no le gustaba el trabajo que se necesitaba para serlo. Prefería la vida guerrera de sus sueños. Y así, el niño de piernas largas decidió que había tenido suficiente.

Sin Reglas

Cuando terminó su servicio militar, el chico de piernas largas dejó la vida de soldado y procedió a vivir una vida sin reglas. Hizo lo que le placía. Dejó de cortarse el pelo. Vivía al aire libre, pasando la mayor parte del tiempo sentado en las esquinas de las calles tocando su guitarra. No lavaba su ropa, no comía guisantes, sus zapatos no estaban lustrados y se quedaba despierto hasta tan tarde como quería, libre para pasar la noche bajo las estrellas dondequiera que se encontrara.

No importa cuán incómoda se volviera la vida para el chico de piernas largas, al menos nadie le decía qué hacer.

La Chica de Pelo Rizado

No muy lejos, en un bullicioso pueblo portuario, vivía una chica de pelo rizado. Gente exótica iba y venía en el pueblo portuario. Continuamente llegaban en barco de todo el mundo, con sus coloridos trajes, costumbres inusuales e ideas extrañas. La chica de pelo rizado vivía con su padre y su madre en una casa; donde artistas, músicos y poetas de todo el mundo siempre estaban de visita a todas horas del día y de la noche, discutiendo a gritos las últimas filosofías y temas del día. Era como si en su casa, estuviera siempre el circo de la ciudad.

En medio de toda la conmoción, sus padres estaban demasiado ocupados concentrándose en su arte y entreteniendo a fascinantes artistas invitados, como para preocuparse mucho por la chica de pelo rizado. Así que la dejaron sola para que ella se cuidara. Estaba acostumbrada a agarrar lo que pudiera encontrar en el armario cuando tenía hambre y a decidir por sí misma cuándo era hora de dormir o levantarse, qué ponerse y cómo debía pasar su tiempo.

De hecho, los padres de la chica de pelo rizado la criaron sin ninguna regla. Se le permitía hacer lo que le placiera:

- No tenía que hacer su cama.
- Podía dibujar en las paredes.
- Podía comer pop-tarts para cenar.

Pero a veces, a principios de la tarde, salía de su ruidosa casa y deambulaba por las calles. Esta era la hora del día en que la tranquilidad descendía sobre la ciudad y los hogares volvían sus atenciones hacia adentro. Se detenía y miraba por las ventanas de las casas no muy lejos de su hogar. Allí, veía a madres y padres con hijos, todos sentados juntos alrededor de sus mesas de comedor. A veces inclinaban la cabeza en oración antes de sus comidas. Todos parecían tan felices de estar juntos como familia, tan ordenados, pacíficos y cariñosos. Se preguntaba cómo sería pertenecer a una familia así. Le hizo anhelar algo que no podía nombrar.

La Vida como Estudiante de Arte

Cuando fue lo suficientemente mayor, la niña de cabello rizado se fue de casa para estudiar arte. Mientras esperaba su autobús para salir de la ciudad, sucedió que una señora que pasaba la reconoció como la pequeña vecina que solía mirar por su ventana y observar a su familia mientras compartían la cena.

"¿A dónde vas?", preguntó la señora. "Voy a la escuela de arte", respondió la niña de cabello rizado. "Me gustaría decirte algo", dijo la señora. Se sentó a su lado, respiró hondo y comenzó.

> **"Recuerda esto, niña: hay Uno que vela por ti y se preocupa por ti".**

Hija mía, durante muchos años te he observado y he rezado por ti. Recuerda esto, niña: hay Uno más grande que yo que vela por ti y se preocupa por ti. Él es la fuente de todo lo bueno, y en tu hora más oscura de necesidad, Él te encontrará, te hará suya y te dará un hogar donde perteneces.

Pero asegúrate de resistir al maligno, porque él es el que vive en las sombras y es la fuente del caos. Puedes encontrar orden si amas la verdad, si haces todo con excelencia y si te entregas a servir a los demás.

La niña de pelo rizado escuchó las palabras de la señora y su tono cariñoso, pero no entendía. Aun así, guardó esas palabras en lo profundo de su bolsillo trasero.

Cuando llegó a la escuela de arte, la niña de pelo rizado descubrió que había aún menos reglas allí que en casa.

- Ella podía quedarse despierta toda la noche y nunca irse a la cama.
- Podía pintar grafitis en las paredes de edificios grandes.
- Podía comer solo Pop-Tarts por la mañana, al mediodía y por la noche.

Esta libertad le era muy familiar y cómoda, y la disfrutaba. Después de terminar la escuela de arte, la chica de pelo rizado continuó haciendo exactamente lo que le placía, tal como siempre lo había hecho.

Ella se inventó sus propias reglas, y lo más importante, nadie le decía qué hacer.

La Chica de Pelo Rizado Conoce al Chico de Piernas Largas

Un día, la chica de pelo rizado caminaba por la calle cuando escuchó el sonido de la música que venía de la calle. Siguió el sonido hasta donde vio a un chico delgado y de pelo lacio tocando la guitarra en una esquina. Era el chico de piernas largas. Ahora era un joven, y ella se estaba convirtiendo en una joven. Se sentó a su lado y escuchó su canción. Conocía la canción que estaba cantando y comenzó a cantar junto a él. Con un brillo en sus ojos, él dijo: "¡Oye, suenas bastante bien!".

Y desde ese momento, el chico de piernas largas y la chica de pelo rizado pasaron cada minuto juntos. Compartieron un amor por la vida sin reglas.

Cantaban y tocaban la guitarra de pueblo en pueblo. A veces pintaban en las paredes. Y comían muchos pop-tarts y nunca comían guisantes. Juntos, hacían lo que querían hacer, sin pensar en hacia dónde se dirigían, las consecuencias de sus acciones o quién podría resultar herido. Comían lo que querían. Vivían en una camioneta. Se iban de la ciudad cuando les apetecía. Ellos bebieron y se drogaron. Y se volvieron físicamente íntimos a pesar de no estar comprometidos en matrimonio.

Sin Consecuencias

Ciertamente, es muy divertido vivir según tus propias reglas. Pero a veces, cuando las personas hacen lo que quieren sin pensar a dónde se dirigen o las consecuencias de sus acciones o quién podría resultar herido, pueden suceder cosas malas. Incluso

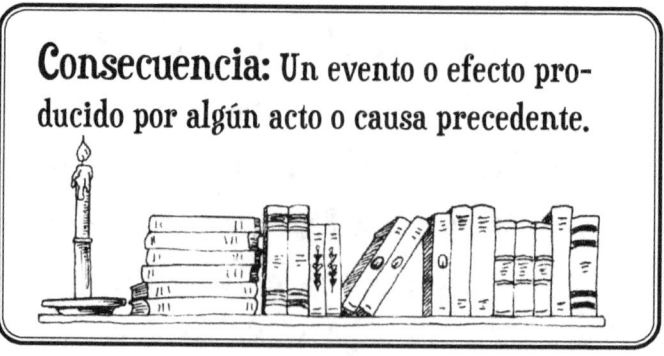

Consecuencia: Un evento o efecto producido por algún acto o causa precedente.

cosas buenas como comer y viajar y buscar la felicidad y la intimidad física pueden ser dañinas si no estás prestando atención a las consecuencias.

Si la gente tiene hambre y come, puede estar bien. Pero si solo comen Pop-Tarts, ¿qué pasa entonces? Si la gente quiere viajar, puede estar bien. Pero si se van de la ciudad sin ocuparse de los asuntos; como las multas de estacionamiento sin pagar o las personas que cuentan con ellos, ¿qué pasa entonces? Si la gente busca la felicidad, puede estar bien. Pero si lo buscan emborrachándose y drogándose, ¿qué pasa entonces? ¿qué sucede si las personas tienen intimidad física pero no están en un matrimonio comprometido?

¿Qué Pasa Entonces?

Esa es la pregunta: ¿qué pasa cuando haces lo que quieres sin considerar las consecuencias? Tal vez en clase de matemáticas aprendiste a equilibrar ecuaciones. Todos los números de un lado del signo igual tienen que tener el mismo valor que el número del otro lado del signo igual. ¿Qué tienen que ver las matemáticas con las consecuencias? La vida es así. Todas las acciones tienen una reacción igual y opuesta. Imaginar que puedes actuar y *no* enfrentarte a las consecuencias de tus acciones es vivir en un mundo de ensueño. No es la realidad.

El chico de piernas largas y la chica de pelo rizado preferían su mundo de ensueño a la realidad. Comían demasiados pop-tarts, se iban de la ciudad con demasiada frecuencia, se emborrachaban, se drogaban y tenían relaciones sexuales sin el compromiso del matrimonio. Y sí, hubo consecuencias que el chico de piernas largas y la chica de pelo rizado tuvieron que enfrentar, aunque no quisieran. Hubo multas de estacionamiento sin pagar. Hubo dolores de estómago. Hubo amistades rotas. Hubo resacas.

Una Consecuencia Particular

Pero una consecuencia de sus acciones fue particularmente notable. Estos dos vagabundos desorientados no consideraron que uno de los diseños de Dios para la intimidad física es que los bebés se hacen de esa manera. Y efectivamente, un bebé comenzó a crecer en el vientre de la niña, el lugar de crecimiento para un bebé en su cuerpo. Debido a que no estaban en un matrimonio comprometido, y porque odiaban las reglas, vieron a un bebé como algo

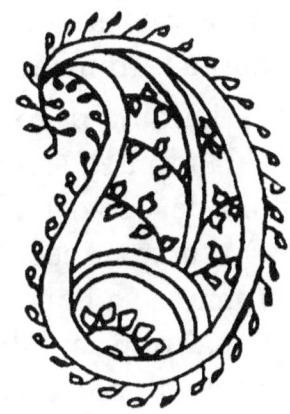

que se interpondría en el camino de su vida de diversión y vivir solo para ellos mismos.

"Sé lo que haremos", dijo la niña. "Haremos que me quiten el bebé". Cuando estaba creciendo en el bullicioso pueblo portuario, todos a su alrededor le dijeron a la niña que cuando tenías un bebé no deseado en tu vientre, todo lo que tenías que hacer era ir a un lugar especial y deshacerte de él, fácil.

El chico no estaba pensando y aceptó el plan sin dudarlo. Sacó de su mente a su hijo creciendo dentro de ella, pensando que eliminarlo era probablemente algo parecido a sacarse un diente. Nada grave en absoluto. Y así, se quedó en casa en su camioneta y tocó su guitarra; mientras ella se iba a su cita en ese lugar especial, cuyo negocio era ocuparse de esos problemas.

La Eliminación del "Problema"

Cuando llegó a la oficina, la chica de pelo rizado comenzó a tener una sensación extraña. El lugar parecía embrujado, y ella se estremeció sin saber por qué.

La gente de esa oficina le dijo a la niña: "No te preocupes, estás haciendo lo correcto. Eres joven y tienes toda la vida por delante. Podemos quitarte este problema y puedes volver a tu vida como si nada hubiera pasado. No te dolerá y todo habrá terminado en un minuto. Eso serán $500 por favor".

> **Cuando llegó a la oficina, la chica de pelo rizado comenzó a tener una sensación extraña. El lugar parecía embrujado, y ella se estremeció sin saber por qué.**

La niña pagó el dinero y se sentó con otras chicas en la sala de espera. Cuando llegó su turno de entrar en la habitación privada del fondo, se llevó una desagradable sorpresa. Descubrió que lo que le habían dicho no era cierto. Quitarse al bebé fue muy doloroso y difícil. Cuando todo terminó, la niña comenzó a llorar de confusión y dolor porque se dio cuenta de que el "problema" que acababa de eliminar era en realidad una persona pequeña y en crecimiento con un corazón latiendo. Había cometido un gran error.

Después de que terminó, la gente que trabajaba en la oficina sacó a la niña de pelo rizado por la puerta trasera para que las chicas de la sala de espera de adelante no la vieran ni la escucharan llorar, eso podría ser malo para los negocios. Ella descendió las escaleras traseras con lágrimas en los ojos y confundida.

Mientras se alejaba, vio a través de sus lágrimas un objeto colorido directamente en su camino, allí en el suelo. Se detuvo y se agachó para recogerlo y lo sostuvo frente a su cara para ver qué era. Se secó las lágrimas y vio que era una moneda vieja con un mensaje en ella. Leyó las palabras: *"Él se preocupa por ti"*. ¿Podría ser este un mensaje solo para ella, tal como la amable vecina había dicho, un mensaje del que la cuidaba y se preocupaba por ella incluso en su hora más oscura de necesidad? ¿Podría ese cuidar y amarla a pesar de su terrible fracaso?

Volveremos a la historia del chico de piernas largas y la niña de pelo rizado más tarde, pero por ahora, veamos qué podemos aprender de ellos.

Algunas preguntas para ti:

1. ¿Cómo definirías la palabra *consecuencias*?

2. ¿Cuál es el propósito de las reglas?

3. ¿Permites que la gente te diga qué hacer? ¿Cómo te ayuda eso? ¿Cómo hace tu vida más difícil?

Notas:

3 • Apuntando hacia el Bien

¿Qué podemos aprender de estos dos personajes: el niño de piernas largas y la niña de pelo rizado? Venían de orígenes muy diferentes, tenían diferentes tipos de padres y crecieron en diferentes tipos de hogares. Pero lo que tenían en común era que tomaban sus decisiones basadas en una visión egocéntrica de la vida. Debido a las decisiones que tomaron, sufrieron heridas del enemigo en esa Gran Batalla, y ni siquiera eran conscientes de que estaban en la batalla.

Si tuviéramos que ponerle un nombre al chico de piernas largas, podríamos llamarlo el *Sr. Me-Apetece*. Él tomaba sus decisiones en base a si *le apetecía* o no. No *le apetecía* levantarse temprano porque era mucho más cómodo tocar su guitarra en la cama hasta el mediodía. No *le apetecía* tener un trabajo porque prefería el mundo de sus sueños, donde ya era muy exitoso y no tenía que trabajar para ello. Si eso significaba que él y su chica solo podían permitirse vivir en una camioneta, bueno, al menos en su camioneta nadie les decía qué hacer. Divertirse con su chica era más importante que cuidar de los demás, así que no *le apetecía* pensar en el bebé que solo se interponía en su diversión.

Si tuviéramos que ponerle un nombre a la chica de pelo rizado, podríamos llamarla la *Srta. No-Quiero*. Ella decidió no hacer nada que no quisiera hacer por esta simple razón: "*No-quiero*". La Srta. No-Quiero *no quería* hacer nada más que garabatear grafitis en las paredes y tomarse selfies. *No quería* vestirse la mayoría de los días, así que simplemente iba por ahí en pijama y pantuflas, como siempre había estado acostumbrada a hacerlo. *No quería* cargar con un niño, así que no pensó demasiado en esa persona que crecía en su vientre, es decir, hasta que fue demasiado tarde.

El Sr. Me-Apetece y la Srta. No-Quiero no prestaron atención a dónde los llevaban sus elecciones en la vida y quién podría resultar herido en el camino. Vivían para la "gratificación inmediata". ¿Qué significa eso? Significa obtener todo lo que quieres *ahora mismo,* sin trabajar para ello o tener que esperar o hacer una pausa y pensar a dónde te llevarán tus elecciones.

Aún no sabían que habían elegido un camino, uno que puede llevar a malos resultados. Tomar malas decisiones significaba que estaban perdiendo en la Gran Batalla, y tenía consecuencias reales que se podían ver y sentir en sus vidas.

El Sr. Me-Apetece y la Srta. No-Quiero no podían ver los patrones en sus elecciones, pero tal vez tú sí. ¿A dónde crees que los estaban llevando sus elecciones?

Otra Forma de Ser

Ahora imagina un par de personajes diferentes. Los llamaremos la *Srta. Debería* y el *Sr. Haz-lo-Correcto.* Estos dos toman decisiones diferentes y las toman de una manera diferente al Sr. Me-Apetece y la Srta. No-Quiero.

Ves, dentro de cada uno de nosotros hay una voz que nos dice lo que debemos hacer y lo que no debemos hacer, pero no todos prestan atención a esa voz. La Srta. Debería ha aprendido a escuchar esa voz interior. Ella es consciente de su lugar en la Gran Batalla y de qué tipo de decisiones necesita tomar para obtener los mejores resultados en su vida. Sabe que *debe* asumir la responsabilidad de

> Dentro de cada uno de nosotros hay una voz que nos dice lo que debemos hacer y lo que no debemos hacer, pero no todos prestan atención a esa voz.

ayudar en la casa, incluso si no tiene ganas. *Debe* hacer lo mejor en el trabajo porque cualquier cosa menos que lo mejor simplemente no es su estilo. *Debe* mantenerse alejada de las drogas que otros están tomando porque valora su mente aguda. Presta especial atención a cómo se viste, como *debe* ser, sabiendo que mostrar mucha piel envía mensajes confusos a los chicos y la hace sentir como si su único valor fuera su cuerpo.

La Srta. Debería ha aprendido, principalmente al observar las desilusiones amorosas que atraviesan sus amigos, que la intimidad física *debe* reservarse para el matrimonio comprometido entre un hombre y una mujer que se apoyarán mutuamente durante toda su vida.

El Sr. Haz-lo-Correcto también escucha esa voz interior y sabe que está en la Gran Batalla. Él elige hacer las cosas porque son lo *correcto*. Se niega a usar la IA para escribir sus tareas porque es *correcto* ser honesto. Enseña matemáticas a los niños adoptivos que viven al lado para que les vaya mejor en la escuela, porque es *correcto* compartir tus talentos especiales con otros que necesitan ayuda.

El Sr. Haz-lo-Correcto trata a su novia con respeto porque es *correcto* valorarla por lo que es, independientemente de sus deseos físicos. Nunca insultaría el honor de su novia insistiendo en tener intimidad física con ella antes de casarse. Y como aún no está listo para el matrimonio, se controla y se comporta como un caballero con ella.

La Srta. Debería y el Sr. Haz-lo-Correcto tienen trabajos para poder contribuir a sus hogares y comunidades y no ser una carga para los demás. La gente depende de ellos y obtienen placer al ayudar a los demás. ¿Puedes ver un patrón en las vidas de estos dos? ¿A dónde crees que los llevan sus elecciones?

Muchos otros hombres, mujeres, niños y niñas son muy similares al Sr. Me-Apetece, la Srta. No-Quiero, la Srta. Debería, y el Sr. Haz-lo-Correcto. Es posible que conozcas personas que encajen en estas descripciones. No queremos chismear, así que no digamos nombres, solo observemos y aprendamos.

Puedes ver que incluso si el Sr. Me-Apetece y la Srta. No-Quiero no saben a dónde apuntan en la vida, están apuntando a algún lugar, y probablemente será un lugar de decepción, fracaso y baja autoestima. Puedes ver que la Srta. Debería y el Sr. Haz-lo-Correcto también están apuntando a algún lugar, y probablemente será un lugar lleno de amistad, logros y respeto propio.

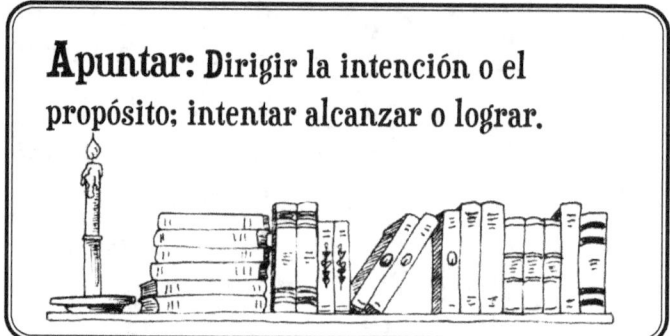

Apuntar: Dirigir la intención o el propósito; intentar alcanzar o lograr.

Apuntando hacia el Bien

¿Qué tienen en común la Srta. Debería y el Sr. Haz-lo-Correcto? Ambos saben que están en la Gran Batalla y saben de qué lado están: están del lado bueno. Son hábiles con sus armas espirituales porque continuamente practican apuntar hacia el bien. Ya sea que estén en sus trabajos, pasando tiempo con amigos, lavando platos o simplemente leyendo tranquilamente solos, están apuntando hacia el bien. Eligen apuntar hacia el bien incluso cuando nadie los está mirando. Eligen evitar que sus pensamientos se desvíen del bien. Puede que no siempre tengan éxito, pero el bien es el objetivo de cada elección que hacen. Y para ti, cualesquiera que sean tus planes en la vida, apuntar hacia el bien te ayudará a tomar buenas decisiones y vivir tu mejor vida también.

> **Cualesquiera que sean tus planes en la vida, apuntar hacia el bien te ayudará a tomar buenas decisiones y vivir tu mejor vida.**

Donde terminas es el resultado de las decisiones que tomas. Cada decisión que tomas te está apuntando en la dirección de resultados malos o en la dirección de resultados buenos. ¿Has pensado dónde quieres terminar? ¿Cómo puedes aprender a tomar buenas decisiones para llegar allí? A medida que avanzamos, vamos a responder estas preguntas.

Algunas preguntas para ti:

1. ¿Conoces a personas como la Srta. Debería y el Sr. Haz-lo-Correcto que te inspiran a hacer lo que *debes* hacer?

2. Dame un ejemplo de cómo una buena decisión que tomaste llevó a un buen resultado.

3. Dame un ejemplo de cómo una mala decisión que tomaste llevó a un mal resultado.

4. En tus propias palabras, describe lo que significa apuntar hacia el bien.

Notas:

4 • ¿Qué Es "el Bien"?

Ahora que estamos hablando de apuntar hacia el bien, exploremos qué es exactamente lo que queremos decir con "el bien". El *bien* no es solo una idea que alguien inventó. No. No se trata de reglas aleatorias, va más allá de eso. El bien es la propia naturaleza de Dios. Dios es bueno, y él colocó su brújula moral dentro de nosotros para que podamos distinguir entre el bien y el mal, lo correcto y lo incorrecto. Sé que esto suena pesado. Vamos a desglosarlo.

Cuerpo, Mente y Espíritu

Los seres humanos están compuestos de cuerpo, mente y espíritu. Tenemos cuerpos. Nuestros cuerpos están hechos de carne y sangre. Necesitamos comer y beber para mantenernos vivos, por lo que sentimos hambre y sed. Cuando tenemos frío, buscamos calor. Cuando estamos cansados, dormimos.

También tenemos mentes. Nuestros cuerpos le dicen a nuestras mentes sobre nuestras necesidades, y nuestras mentes toman la decisión de cómo satisfacer esas necesidades. Entonces, cuando tenemos hambre, nuestras mentes pueden elegir que nuestros cuerpos vayan a buscar algo en el refrigerador o en la tienda o donde sea que se pueda satisfacer esa necesidad corporal.

Nuestras mentes toman muchas decisiones a lo largo del día. "¿Debería levantarme temprano o tarde?" "¿Debería jugar videojuegos antes de hacer mi tarea?" "¿Debería servirme un tercer donut?" En todas estas elecciones, nuestras mentes están trabajando.

Pero nosotros, los humanos, no somos solo seres físicos con mentes. También somos seres espirituales, y el reino espiritual es donde reside la idea del bien y del mal. Cuando luchamos con una elección, como si pagar por nuestra comida en la tienda o robarla, entonces nuestros espíritus informan a nuestras mentes sobre la elección moral que tenemos ante nosotros. Sabemos que robar está mal. ¿Cómo lo sabemos? Nuestros espíritus escuchan la voz moral de Dios. De esta manera, el cuerpo, la mente y el espíritu trabajan juntos. Todos son parte de lo que eres.

Sentimientos Instintivos

Cuando haces algo malo, tienes una sensación en el estómago que te dice que está mal. El sentido de lo bueno y lo malo, lo correcto y lo incorrecto, lo que se debe y lo que no se debe, está ahí dentro de ti.

> **Una brújula moral es un sentido de lo correcto y lo incorrecto que está plantado en lo profundo de ti.**

Imagina una brújula que apunta hacia el norte verdadero. Una *brújula moral* es un sentido de lo correcto y lo incorrecto que está plantado en lo profundo de ti. El camino correcto es el norte verdadero.

Recuerda una vez en la que pensaste en hacer algo que sabías que estaba mal. Tu brújula moral se puso a trabajar alertándote, ya sea con algo como luces rojas brillantes parpadeantes y sirenas ruidosas o con algo más parecido a un suave pero persistente toque en tu hombro, para alejarte de los pensamientos y acciones equivocados y volver a encaminarte hacia el bien. A veces escuchaste. A veces no. Pero estás equipado con esta herramienta especial para ayudarte a lo largo de la vida a tomar buenas decisiones y evitar las malas. Aprende a escucharla. Es tu conciencia.

¿Alguna vez viste esa vieja caricatura de Disney llamada *Pinocho*? Jiminy Cricket recibió el trabajo de ser la conciencia de Pinocho. Él cantó esta canción:

Si te estás portando bien,
y te tentendar el mal,
¡dame un silbidito! ¡dame un silbidito!
y siempre tu conciencia mandará.

Es solo una caricatura, pero da buenos consejos. Tu brújula moral interna dada por Dios, tu conciencia, te ayuda a apuntar hacia el bien. Deja que sea tu guía.

"Bueno", la Gran Pequeña Palabra

Hemos estado hablando de apuntar hacia lo bueno. Podrías pensar que la palabra *bueno* es solo una pequeña palabra sin mucho peso. Entonces, podrías decir: "La pizza está buena". "Mi día fue bueno". "Tengo un buen perro". Pero esta palabra significa mucho, mucho más. De hecho, es una gran pequeña palabra.

Piensa en esto: después de completar cada día de la creación del universo, la Biblia nos dice que Dios dijo: "Es bueno". Cuando terminó todo el proyecto de creación, dijo que era "*muy* bueno". Puedes ver que la idea de bondad de Dios es tan grande como el universo. O tal vez incluso más grande.

El bien que Dios tiene en mente para ti consiste, por ejemplo, en el buen aire que respiras todos los días, la buena comida que nutre tu cuerpo para que puedas crecer fuerte, tu buena mente para pensar y resolver problemas, tus buenas oportunidades para hacer cosas que te encanta hacer, y las buenas personas en tu vida. El bien es que estás vivo y que Dios te ama, tiene innumerables bendiciones para ti y te quiere en su familia. Dios quiere que vivas tu mejor vida. Puedes ver que el bien es realmente una palabra muy grande.

¿Quién Decide Qué Es Bueno?

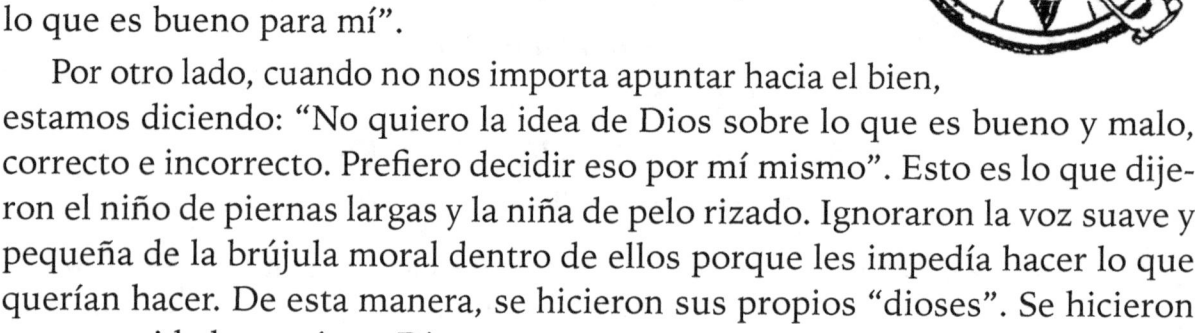

No habría bien sin Dios porque Dios es el autor del bien y la fuente de todo lo que es bueno. Cuando apuntamos hacia el bien, lo que estamos diciendo es: "Dios, te reconozco como el autor del bien, y confío en que sabes lo que es bueno para mí".

Por otro lado, cuando no nos importa apuntar hacia el bien, estamos diciendo: "No quiero la idea de Dios sobre lo que es bueno y malo, correcto e incorrecto. Prefiero decidir eso por mí mismo". Esto es lo que dijeron el niño de piernas largas y la niña de pelo rizado. Ignoraron la voz suave y pequeña de la brújula moral dentro de ellos porque les impedía hacer lo que querían hacer. De esta manera, se hicieron sus propios "dioses". Se hicieron una autoridad superior a Dios.

Lo Opuesto al Bien

Muchos otros han cometido el mismo error. Volvamos al principio de la humanidad. En la Biblia, Adán y Eva decidieron que eran mejores jueces que Dios de lo que es bueno. El enemigo de Dios en la Gran Batalla, en este caso apareciendo como una serpiente, los animó a crear sus propias reglas sobre lo correcto y lo incorrecto. Adán y Eva querían el fruto de un cierto árbol a pesar de que Dios había dejado claro que estaba prohibido. Escucharon a la serpiente en lugar de a Dios. Esto provocó una ruptura en la relación de Adán y Eva con Dios. Era como si dijeran: "No, gracias, Dios. No nos gustan tus reglas. Haremos nuestras propias reglas basadas en lo que queremos". Aquí es donde el pecado entró en escena y la Gran Batalla entre el bien y el mal comenzó para toda la humanidad.

¿Qué es el pecado? Es cuando hacemos lo que sabemos que está mal, como lo hicieron Adán y Eva. La Biblia nos dice que nuestro pecado nos separa de Dios.

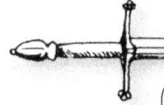

> *Vuestras iniquidades han hecho separación entre vosotros y vuestro Dios, y vuestros pecados le han hecho esconder su rostro de vosotros para no escucharos.* (Isaías 59:2)

Desde Adán y Eva, cada niño nacido ha sido el blanco del maligno, tal como lo fue Eva. Y así como ese maligno quiso destruir a Adán y Eva, ha querido destruir a cada persona desde entonces. No hay nadie nacido que no tenga que luchar contra el enemigo de Dios. Pero por muy terrible que sea eso, no te preocupes, porque Dios ha hecho un camino seguro para derrotar a ese astuto enemigo en la batalla espiritual. Vamos a aprender sobre eso más adelante.

Cuando decidimos hacer nuestras propias reglas, no somos diferentes de Adán y Eva. Es por eso que su historia es tan importante para entender los desafíos que enfrentamos en la vida. Todos tenemos la necesidad de hacer las cosas a nuestra manera. Pero apuntar hacia el bien nos ayuda a mantenernos en un camino sólido. Vale la pena el esfuerzo porque cuando apuntamos hacia el bien, estamos apuntando hacia Dios.

Algunas preguntas para ti:

1. ¿Alguna vez has escuchado la voz de tu brújula moral interna, dada por Dios, hablándote cuando estabas t?

2. ¿Por qué Dios tiene el derecho de definir lo que es bueno?

3. ¿Cuáles son algunos ejemplos de las cosas buenas que Dios tiene para ti?

Notas:

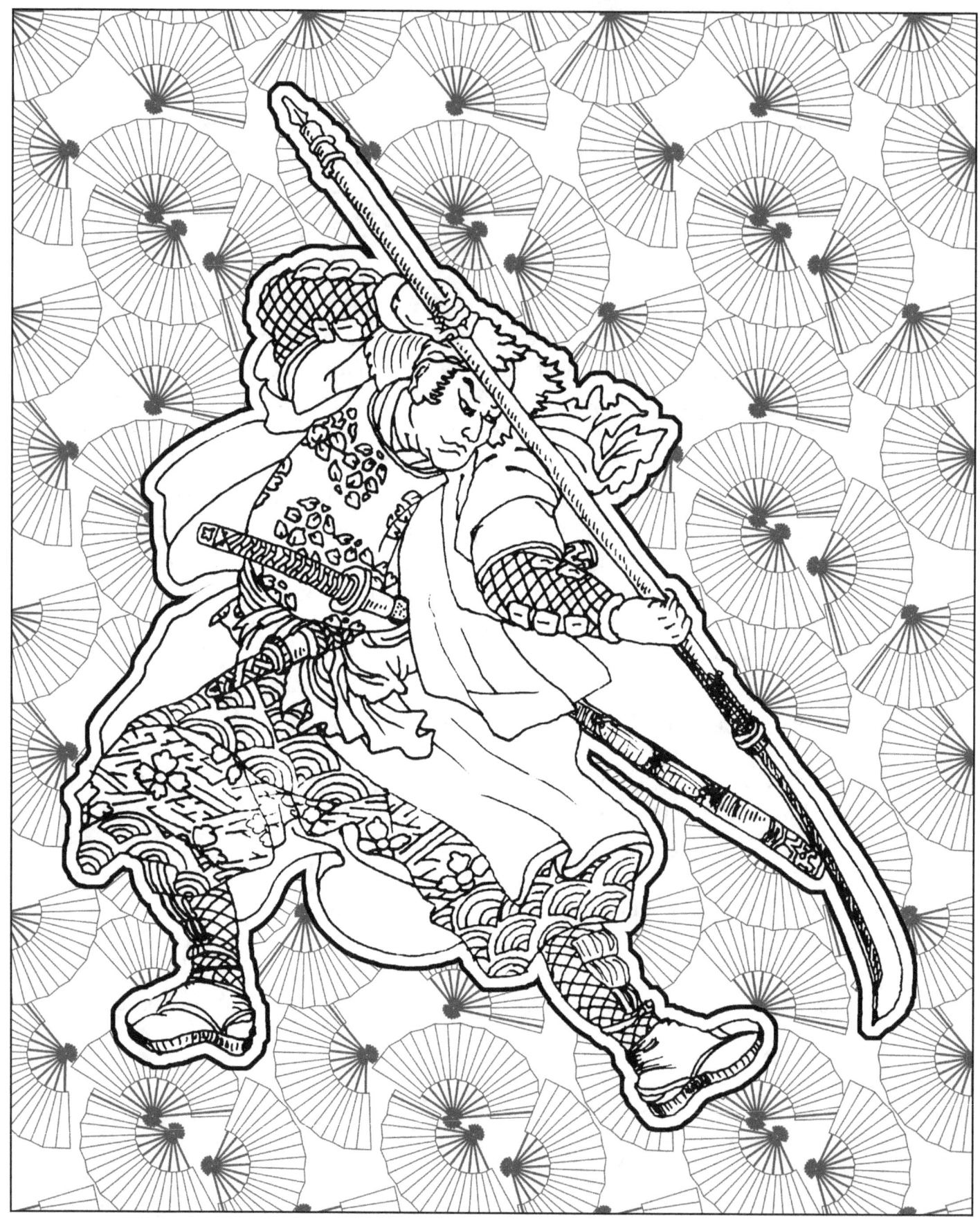

5 • La Mentalidad del Guerrero

Cuando decides que quieres apuntar hacia el bien, tendrás que prepararte para la batalla. Es entonces cuando descubres que apuntar hacia el bien requiere trabajo. Es mucho más fácil procrastinar, ser perezoso, dejar que otros hagan lo difícil y básicamente, ser un Sr. Me-Apetece o una Srta. No-Quiero. Aquí es donde se trazan las líneas de batalla. Para ganar terreno en la Gran Batalla, debes desarrollar la mentalidad de un guerrero.

Muchos guerreros a lo largo de la historia han encontrado útil unirse a otros de ideas afines para servir a un propósito especial, como proteger a los débiles y a los menos afortunados. Siguieron códigos de conducta e hicieron juramentos que los unían hacia su propósito común. Los códigos aseguraban que pudieran confiar el uno en el otro, en situaciones de alto estrés.

Los códigos de conducta que desarrollan los grupos de guerreros provienen del deseo de seguir una vocación superior con un sentido de honor y propósito. La mentalidad del guerrero proviene de la voluntad de enfocar todos los esfuerzos hacia el bien. Tu voluntad de apuntar hacia el bien te permitirá desarrollar también la mentalidad de un guerrero.

Encontramos que los códigos de conducta de muchos grupos de guerreros a lo largo de la historia y en todo el mundo son similares. Esta similitud se debe a la brújula moral de la que hablamos. Es parte de quiénes somos y cómo estamos hechos. Permitamos que estos pocos ejemplos, sin ningún orden en particular, de grupos de guerreros y sus códigos de conducta nos inspiren.

Los Marines

El Cuerpo de Marines de los Estados Unidos de América (EE. UU.) es una fuerza de combate de élite que siempre es la primera en entrar y la última en salir del campo de batalla. Estos guerreros del ejército de los EE. UU. tienen un código de tres valores fundamentales a los que se han dedicado desde la misma fundación de los EE. UU.:

- **Honor:**

   La cualidad que empodera a los Marines para ejemplificar lo último en comportamiento ético y moral: nunca mentir, hacer trampa o robar; para cumplir con un código de integridad inflexible; para respetar la dignidad humana; y para tener respeto y preocupación por los demás.

Integridad: Solidez o pureza moral; incorruptibilidad; rectitud; honestidad.

- **Coraje:**

   La fuerza mental, moral y física arraigada en los Marines que los lleva a través de los desafíos del combate y el dominio del miedo, y a hacer lo correcto, a adherirse a un estándar más alto de conducta personal, a liderar con el ejemplo y a tomar decisiones difíciles bajo estrés y presión.

- **Compromiso:**

   Determinación inquebrantable para alcanzar un estándar de excelencia en cada esfuerzo.[1]

Estos valores fundamentales ejemplifican al infante de marina tanto en el campo de batalla como fuera de el. El lema del Cuerpo de Marines es *semper fideles*, que significa "siempre fieles". Estos guerreros siempre son fieles y están dedicados a completar su misión con honor, coraje y compromiso.

---

1. "Marines: Values," mcipac.marines.mil/Staff-and-Sections/Special-Staff/ Civilian-Human-Resources-Office/About-the-Marine-Corps/Values/.

El Samurái

El guerrero Samurái Japonés de hace muchos siglos sirvió a los barones feudales de su época. Tenían un código de conducta llamado Bushido (literalmente "maneras de caballero militar"), una forma de vida que cultivaba las cualidades del amor al país, el coraje, la misericordia, la gentileza, los buenos modales, la veracidad, el honor y el autocontrol. El guerrero Samurái aspiraba a estas virtudes: justicia y rectitud, coraje heroico, benevolencia y compasión, respeto, sinceridad, honor, lealtad y deber.

¿Qué es la *rectitud*? Cuando escuchas esa palabra, piensa en un soldado de pie, erguido y alto, en posición de firmes. Rectitud significa "integridad moral o justicia". Un famoso guerrero Samurái dijo una vez que la rectitud es:

> *El hueso que da firmeza y estatura. Así como sin huesos la cabeza no puede descansar sobre la parte superior de la columna vertebral, ni las manos se mueven, ni los pies se mantienen firmes, así sin rectitud ni el talento ni el aprendizaje pueden hacer de un cuerpo humano un Samurái.[2]*

Una forma de elogiar a un Samurái era decir que era "un hombre sin un yo". Esta es una forma de decir que considerar las necesidades de los demás por encima de las propias era la máxima vocación del Samurái.

> **Una forma de elogiar a un Samurái era decir que era "un hombre sin un yo".**

Los Free Burma Rangers

Veamos otro grupo llamado Free Burma Rangers (FBR). Están operando en la actualidad. El FBR está formado por personas de muchas razas y naciones diferentes que se unen para ayudar a quienes viven en naciones devastadas por la guerra como Birmania, Irak y Sudán. Su declaración de visión dice que existen "para liberar a los oprimidos y defender la dignidad humana, la justicia y la reconciliación". El FBR arroja luz sobre las acciones de los opresores, denuncia

---

2. Alfred Stead, *Great Japan: A Study of National Efficiency* (London: John Lane, 1906), 45.

los abusos de los derechos humanos y ayuda a satisfacer las necesidades de las personas: como atención médica, ropa, refugio y alimentos. Trabajan en algunas de las zonas de guerra más peligrosas del mundo, arriesgando la vida y el encarcelamiento todos los días para mejorar la vida de las personas oprimidas. El FBR tiene un código de ética para guiar la conducta de sus miembros:

Ámense los unos a los otros. Uníos y trabajad por la libertad, la justicia y la paz. Perdonad y no os odiéis. Orad con fe, actuad con valentía, nunca os rindáis.

De nuevo, vemos el desinterés y la voluntad de pasar por molestias y riesgos para la vida solo para ayudar a los demás.

Los Ángeles Guardianes

Desde naciones devastadas por la guerra nos trasladamos a Nueva York en la década de 1970. Echemos un vistazo al código de los Ángeles Guardianes. Durante los años setenta, una ola de crímenes se apoderó de la ciudad de Nueva York, y este grupo se fundó para proteger a la gente común de ser presa de los criminales que deambulaban por las calles. Los Ángeles Guardianes valoran la protección desinteresada de los vulnerables, la construcción de la comunidad, la actuación con honestidad, la confiabilidad y la resolución compasiva de problemas. Su fundador dijo:

Nadie tiene derecho a violar los derechos humanos o la propiedad de nadie. No lo vamos a tolerar, y hemos hecho un juramento solemne dentro de los Ángeles Guardianes de arriesgar nuestras vidas y extremidades para proteger a personas que ni siquiera conocemos.[3]

Los Ángeles Guardianes usaban gorras rojas para diferenciarse. Recorrieron los subterráneos y patrullaron barrios peligrosos. Si estabas en la calle solo en una noche oscura y veías una de esas gorras rojas, sabías que estarías protegido. Todavía operan en muchas ciudades del mundo hoy en día.

---

3. Jim Coleman, "We Have Become Some of Their Worst Nightmares!" *Black Belt* (February 1988): 28–33.

Los Scouts

Los Scouts están entrenados para ser personas de carácter. Tienen un juramento, que es su código de conducta:

> *Por mi honor, haré todo lo posible para cumplir con mi deber para con Dios y mi país, y para obedecer la Ley Scout; para ayudar a los demás en todo momento; para mantenerme físicamente fuerte, mentalmente despierto y moralmente recto.*

Aquí está la Ley Scout que acaban de mencionar:

> *Un Scout es digno de confianza, leal, servicial, amigable, cortés, amable, obediente, alegre, ahorrativo, valiente, limpio y reverente.*[4]

Los Caballeros Medievales

Durante la Edad Media, los caballeros medievales se comprometieron a honrar un código de *caballería* (una palabra que significa "ser valiente" o heroico) para proteger a los peregrinos cristianos mientras viajaban a Tierra Santa, ya que los peregrinos eran vulnerables a los ataques de bandidos.

Entre otras cosas, los caballeros se comprometieron a lo siguiente:[5]

- **Proteger a los débiles e indefensos**
- **Dar socorro a las viudas y los huérfanos**
- **Abstenerse de dar ofensa**
- **Obedecer a los que están en autoridad**
- **Mantenerse alejado de la injusticia, la mezquindad y el engaño**

---

4. Boy Scouts of America, "About the BSA," scouting.org/about/.

5. "Code of Chivalry," Medieval Life and Times, medieval-life-and-times.info/medieval-knights/code-of-chivalry.htm.

- Mantener la fe en Dios
- Decir la verdad y ser fiel a tu palabra
- Ser generoso y dar a todos
- Terminar lo que empiezas
- Respetar el honor de las mujeres
- No encogerte ante tu enemigo
- Amar el país donde naciste

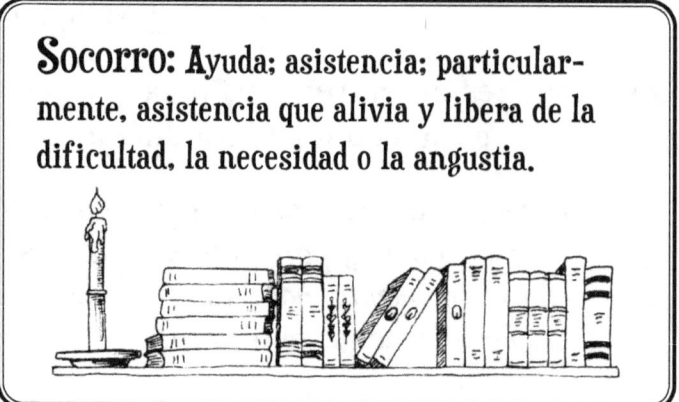

Socorro: Ayuda; asistencia; particularmente, asistencia que alivia y libera de la dificultad, la necesidad o la angustia.

Damas y Caballeros

¿Alguna vez se han preguntado qué significa ser una dama o un caballero? Esas palabras parecen reliquias de un tiempo pasado. Pero se refieren a las cualidades admirables que nos ayudan a apuntar hacia el bien. Una de las definiciones del diccionario de la palabra *dama* es: "una mujer de refinamiento y modales gentiles". En cuanto a un *caballero*, leemos que es "un hombre cuya conducta se ajusta a un alto estándar de propiedad o comportamiento correcto".

Para muchos que viven de acuerdo con un alto estándar de comportamiento, la conducta noble no es menos que una obligación. Este estándar de comportamiento a veces se conoce por su nombre francés: *noblesse oblige*, que significa "la nobleza obliga". Es la obligación de actuar honorablemente y ser generoso con los demás menos afortunados que uno mismo.

En la cultura Judía, un hombre o una mujer de integridad y honor se conoce como un *mensch*. Esta palabra significa literalmente "hombre" o "persona", pero tiene un significado más profundo: un mensch es simplemente la cúspide de lo que la masculinidad y la feminidad están destinadas a ser. Un mensch es amable, compasivo, autodisciplinado, misericordioso, respetuoso, confiable y justo con todos, actuando por un sentido de obligación o deber de "mantener los ideales de justicia, misericordia, prudencia y sabiduría".[6]

---

6. Ronald Pies, *Becoming a Mensch: Timeless Talmudic Ethics for Everyone* (Lanham, MD: Hamilton Books, 2011), vi.

Patriotismo

Puede que hayas notado que amar a tu país aparece en más de uno de los códigos que hemos visto. Amar a tu país significa ser patriota. Como patriota, estás de acuerdo en cumplir con un contrato tácito especial, es decir, harás tu parte para contribuir al bien común como miembro activo de tu comunidad. Al hacer esto, estás eligiendo participar en algo más grande que tú mismo. Esto es cierto en todo el mundo, sin importar dónde seas ciudadano.

Pero si eres ciudadano de los Estados Unidos de América, estás participando en el mayor experimento de autogobierno de toda la historia. Los Estados Unidos se formaron a diferencia de cualquier otra nación en la historia. Fue fundada sobre una idea nueva y audaz, no sobre la raza o la herencia étnica. Todas las personas son bienvenidas a jurar lealtad al experimento estadounidense.

Patriótico: Inspirado por el amor a la patria; dirigido a la seguridad y el bienestar públicos.

La idea audaz detrás de la fundación de los Estados Unidos es que Dios está por encima de todo, y debajo de Dios están los seres humanos, y luego, debajo de los seres humanos está el gobierno, en ese orden. Los derechos que disfrutan los ciudadanos estadounidenses provienen directamente de Dios, y el propósito declarado del gobierno es garantizar y proteger esos derechos. El poder que ejerce el gobierno proviene únicamente del consentimiento del pueblo. Los derechos que se detallan en nuestra Carta de Derechos están todos definidos en negativo, lo que significa que están destinados a prohibir al gobierno actuar en contra de los derechos del individuo, no a conferir derechos positivos, que es el dominio exclusivo de Dios.

Antes de la fundación de los Estados Unidos, todos los derechos eran otorgados por los gobiernos y, por lo tanto, podían ser revocados por los gobiernos. Los derechos otorgados por Dios no se pueden quitar. Esto es lo que se entiende por el término "derechos inalienables", o derechos que no se pueden transferir a otro. Nuestros derechos pertenecen a todos los ciudadanos estadounidenses. Entre todas las naciones del mundo, Estados Unidos es excepcional de esta manera. Esto es lo que se llama "excepcionalismo estadounidense".

Ser patriota significa educarse sobre su gobierno y los problemas del día. Cuando llegues a la edad de votar, tu voto puede ayudar a proteger a tu país de las fuerzas que buscan socavarlo.

Los fundadores y patriotas de Estados Unidos a lo largo de los siglos han atesorado la maravillosa idea estadounidense hasta el punto de que han estado dispuestos a derramar su sangre e incluso dar sus vidas para establecerla y preservarla. Al ser un miembro activo de la sociedad, estás tomando tu lugar entre muchos valientes patriotas que te han precedido.

> Independientemente de tu identidad nacional, el amor por tu país es lo que desarrolla tu patriotismo, y amar a tu país te convertirá en un activo dondequiera que vivas.

Independientemente de tu identidad nacional, el amor por tu país es lo que desarrolla tu patriotismo, y amar a tu país te convertirá en un activo dondequiera que vivas.

De Vuelta a Ti

Entonces, resumiendo todos estos maravillosos ejemplos de códigos de conducta, podemos decir que cada vez que…

- eres leal, respetuoso, servicial, honesto y cumples tu palabra
- te preocupas más por la justicia que por obtener tu parte
- eres educado, considerado, y amable y proteges a los débiles
- te preocupas más por elevar a las personas que por derribarlas
- te callas en lugar de decir palabras feas,

… entonces estás encarnando la mentalidad del guerrero y viviendo la herencia de los Marines, los Samuráis, los Free Burma Rangers, los Ángeles Guardianes, los Scouts, los caballeros medievales, las damas y los caballeros, y los mensches. Estás ayudando a mejorar el mundo que te rodea. Estás cumpliendo con tu parte del trato como buen ciudadano. Estás apuntando hacia el bien.

En el próximo capítulo, vamos a presentarte un código de conducta para ti. En lugar de una larga lista de elementos en tu código, vamos a mantenerlo realmente simple: solo tres elementos para guardar en tu cinturón de herramientas para enfocar tu atención en desarrollar la mentalidad del guerrero.

Algunas preguntas para ti:

1. ¿Qué grupo de guerreros de este capítulo te inspiró más?

2. ¿Qué significa encarnar la mentalidad del guerrero?

3. ¿Qué podrías hacer hoy para ser más mensch?

Notas:

6 • Su Código de Conducta

Echamos un vistazo a algunos códigos de conducta inspiradores. Ahora vamos a condensarlos en solo tres elementos simples para crear un código de conducta para ti:

- "Amo la verdad".
- "Busco la excelencia".
- "Sirvo a los demás".

Estas tres cualidades pueden formar una base sólida a medida que aprendes a apuntar hacia el bien. Aunque solo hay tres elementos enumerados aquí, serán muy desafiantes. Pueden darte un sentido de propósito y enfoque. A medida que las personas a tu alrededor te vean alcanzar estas cualidades, llegarán a confiar en que estás aprendiendo a ser una persona íntegra, en la que pueden confiar.

Al discutir estas tres cualidades, encontrarás una historia que acompaña a cada una de ellas. En lugar de historias sobre guerreros extraordinarios, estas historias presentan a personas comunes que apuntan hacia el bien en sus propias formas personales.

Amar la Verdad

¿Qué es la *verdad*?

• **VERDAD:** Pureza de la falsedad; honestidad; sinceridad; práctica de hablar la verdad; conformidad con el hecho o la realidad; exacta conformidad con lo que es, o ha sido, o será.

Amar la verdad significa que eres honesto contigo mismo y con los demás, incluso si la verdad es difícil de afrontar. Significa odiar las mentiras. Amar la verdad afecta tus acciones, tu carácter y las palabras que salen de tu boca. Amar la verdad también significa vivir en la realidad y enfrentar los hechos en lugar de esconderse detrás de la pretensión o los deseos.

Aquí hay una historia sobre amar la verdad: a Brianna le gustaba verse bien, nunca salía de casa sin asegurarse de que cada cabello estuviera en su lugar, su maquillaje fuera impecable y todos sus accesorios combinaran a la perfección. Un día, Brianna se paró frente a la puerta abierta de su armario y se quedó mirando, preguntándose qué ponerse. Entre los muchos atuendos, vio un vestido que había olvidado. Su tío le había enviado dinero de cumpleaños, y ella se había comprado este pequeño capricho.

Sin embargo, eso fue hace meses, y ella nunca se había puesto el vestido. Ahora que se acordaba de el, pensó que era perfecto para salir con sus amigos en el patio de Starbucks.

> **"Mejor no pedir permiso"**, razonó Brianna, **"porque mamá podría decir que no".**

Había un chico nuevo que acababa de empezar a unirse a sus amigos que se reunían allí, y ella estaba ansiosa por causar una buena impresión.

Fue entonces cuando Brianna recordó que su madre tenía un par de pendientes que combinarían perfectamente. Sin hacer ruido, se acercó de puntillas a la habitación de su madre, abrió silenciosamente su cajón de joyas y encontró los pendientes. Podría haberle pedido permiso a su madre para usar los pendientes, pero sabía que estos pendientes eran especiales. Eran un regalo de la madre de su madre. "Mejor no pedir permiso", razonó Brianna, "porque mamá podría decir que no". Así que Brianna se metió los pendientes en el bolsillo y no se lo dijo a nadie.

Brianna siempre recibía cumplidos por su apariencia, y eso hacía que todo el tiempo frente al espejo valiera la pena. Esta vez no fue diferente. Se divirtió mucho con sus amigas y sintió que el chico nuevo estaba al menos un poco interesado en ella. Se veía de lo mejor, y eso era todo lo que importaba.

Después de unas horas, los chicos se fueron y solo quedaron las chicas. Sus orejas empezaron a dolerle por los pendientes, así que se los quitó y los dejó a un lado en la mesa. Las chicas cantaban a todo pulmón a todos los coches mientras avanzaban lentamente por el servicarro, que estaba justo al lado de la zona de la terraza. ¡Eso era tan entretenido! ¡La gente les ponía las caras más divertidas mientras pasaban!

Brianna tenía que hacer deberes esa noche, así que finalmente se despidió de sus amigas y se dirigió a casa. Cuando llegó a casa, se cambió a su ropa deportiva y sus tenis y empezó a relajarse. De repente, con un sobresalto, se acordó de los pendientes de su madre. Registró su bolso y sus bolsillos, pero los pendientes no estaban allí. Ahora ya no le importaba cómo se veía, simplemente volvió corriendo al Starbucks lo más rápido que pudo y buscó por toda la zona de la terraza. Preguntó en la caja, revisó en la caja de objetos perdidos. Interrogó a los baristas, llamó a sus amigas. No había pendientes. El corazón de Brianna se hundió.

Tal vez su madre no se daría cuenta de que los pendientes habían desaparecido. Tal vez Brianna simplemente no admitiría lo que había hecho. Nadie sabría quién se los había llevado. Este parecía un buen plan durante un tiempo, pero finalmente la agotó. Después de ese día, sin importar lo bonita que se pusiera, se sentía sucia y fea por su secreto. Estaba tan avergonzada de sí misma.

Finalmente, Brianna ideó un plan. Tomó su pequeña mesada y fue a Wal-Mart. Encontró el par de aretes más bonito que unos pocos dólares podían comprar. Le entristecía que los únicos aretes que podía permitirse fueran estas cosas baratas, mientras que los aretes de su madre habían sido preciosos. Pero ella solo esperaba que este esfuerzo hiciera alguna diferencia.

Más tarde ese día, Brianna le confesó a su madre lo que había hecho. Con lágrimas, le pidió perdón a su madre y le regaló los nuevos aretes. Su madre estaba decepcionada. Hubo un silencio incómodo que duró mucho, mucho tiempo. Finalmente, su madre sonrió suavemente y perdonó a Brianna, agradeciéndole su honestidad y sus esfuerzos por reemplazar lo que se había perdido.

La madre de Brianna extrañaba sus aretes especiales, pero tenía unos nuevos que le encantaba llevar aún más porque le recordaban el amor de su hija por la verdad. Y cada vez que Brianna veía a su madre usando esos aretes, recordaba lo bien que se sentía ser perdonada y amada a pesar de sus errores. Decir la verdad tenía sus recompensas.

Buscando la Excelencia

¿Qué es la *excelencia*?

• **EXCELENCIA: El estado de poseer buenas cualidades en un grado inusual o eminente; el estado de sobresalir en cualquier cosa... La pureza de corazón, la rectitud de mente, la sinceridad, la virtud, la piedad, son excelencias de carácter.**

Una vida dedicada a la búsqueda de la excelencia es una vida en la que te esfuerzas diligentemente por hacer todas las cosas con un cuidado inusual, como si las estuvieras haciendo para Dios mismo. No hay lugar para menos que tu mejor esfuerzo.

Érase una vez un joven que vagaba por las calles de la ciudad de Nueva York con un violín bajo el brazo. Finalmente se detuvo y le preguntó a un policía: "Señor, ¿cómo llego al Carnegie Hall?" (El Carnegie Hall está en la ciudad de Nueva York. Es la sala de conciertos más prestigiosa del mundo, y solo los mejores músicos pueden tocar allí). Al ver el violín, el policía sonrió y le respondió: "¡Practica! ¡Practica!"

Esta pequeña historia divertida señala una verdad importante, y es que para alcanzar la excelencia, necesitas practicarla, trabajar duro. No es gratis. Al crear buenos hábitos y practicarlos, puedes sobresalir en tus actividades. Ahora aquí hay una historia real sobre la búsqueda de la excelencia:

> ## Luz pudo haber hecho muecas ante un trabajo de limpieza. Pudo haber dicho: "Soy demasiado buena para eso".

Luz se dedicaba a sus hijos. Cuando no los estaba educando en casa, les preparaba las comidas, planeaba sus salidas, les compraba cosas y hacía las muchas cosas que conlleva administrar una casa con muchos niños. Pero durante el COVID, las cosas cambiaron para la familia de Luz, y tuvo que encontrar trabajo para ayudar a su esposo a cubrir todos los gastos del hogar.

Por casualidad, una iglesia local necesitaba a alguien para limpiar su edificio cada semana antes de los servicios. Luz pudo haber hecho muecas ante un trabajo de limpieza. Pudo haber dicho: "Soy demasiado buena para eso". En cambio, aceptó el trabajo y aprovechó la oportunidad para perseguir la excelencia en su desempeño laboral.

Esto significaba que tenía que levantarse a las 4 a.m. para poder hacer el trabajo y regresar a casa antes de que sus hijos se despertaran a las 7:30. Resultó que uno de sus hijos comenzó a despertarse cada vez que se preparaba para irse en las primeras horas de la mañana. Este era Jorge. Como Luz tenía que hacer su trabajo, comenzó a llevar a Jorge con ella. Al principio, él se quedaba dormido en las bancas de la iglesia. Pero un día, observó a su madre mientras fregaba los baños, guardaba los juguetes donde los más pequeños habían hecho desorden en las salas de la escuela dominical, raspaba chicle de las alfombras, cambiaba los rollos de papel toalla y desempolvaba los alféizares de las ventanas. ¡Parecía divertido!

"Mamá, ¿puedo ayudarte a trabajar?" Luz estaba encantada con la actitud servicial de Jorge. Le enseñó a hacer todas sus tareas y a hacerlas con excelencia.

Una vez al mes, esta iglesia cedía su salón de actos para albergar a las personas sin hogar durante una noche. Después de esas noches, lamentablemente, los baños eran particularmente difíciles de limpiar. Sin embargo, Jorge vio la determinación de su madre de hacer incluso los trabajos desagradables con excelencia. Aprendiendo de su ejemplo, parecía que cuanto más difícil era la tarea, más positiva era la actitud de Jorge.

Jorge obtuvo mucha satisfacción, no solo por cómo se le apreciaba por su trabajo duro, sino también por saber que daba lo mejor de sí, sin importar cuán humilde fuera el trabajo (además, siempre recibía un burrito de desayuno de camino a casa). Lo que más le satisfacía era la sensación de que estaba limpiando la casa de Jesús, y Jorge no haría nada menos que lo mejor para Jesús.

Puedes ver que, si desarrollas el hábito de llevar la excelencia a todo lo que haces, entonces incluso la tarea más insignificante o incluso desagradable será una fuente de respeto propio para ti y un ejemplo para los demás. La excelencia se convierte en su propia recompensa.

Servir a los Demás

¿Qué es el *servicio*?

• **SERVICIO: Cuando haces algo para el beneficio de otro, que promueve el interés o la felicidad.**

Servir a los demás va en contra de la necesidad de pensar en ti mismo primero. Requiere una consideración reflexiva y construye tu carácter al hacerte consciente de las necesidades de quienes te rodean en lugar de simplemente mantener tu enfoque en tus propias necesidades. Las personas que sirven a los demás son un gran beneficio para el mundo que los rodea. Promueven la felicidad.

Lucas acababa de obtener su licencia de conducir. Amaba su nueva independencia y esperaba mostrar su manejo frente a sus amigos. Lucas iba a la iglesia los domingos por la mañana con su familia, pero tenía mucho tiempo después para hacer lo que quería.

La idea de Lucas para la tarde perfecta del domingo era que todos sus amigos se subieran al auto y fueran al parque a jugar fútbol americano. Cuando terminaban con el fútbol, el mejor lugar para simplemente pasar el rato, hablar y reír, era dondequiera que estuviera estacionado su auto. Lo harían hasta que el sol se pusiera el domingo por la noche. Parecía que todo el mundo giraba alrededor del auto de Lucas.

Había una mujer mayor de la iglesia a la que asistía Lucas que recientemente había enviudado. Con el fallecimiento de su esposo, ya no tenía forma de llegar a la iglesia por su cuenta. Esto fue puesto en conocimiento de Lucas por el personal de la iglesia. Le preguntaron a Lucas: "¿Estás dispuesto a ayudar a la Hermana Rusher llevándola en auto los domingos?". Lucas no pensó mucho en lo que esto significaría para sus planes después de la iglesia. Simplemente dijo que sí, porque vio que había una necesidad que podía satisfacer. Aceptó recogerla y llevarla a casa todos los domingos.

Lucas se levantaba muy temprano los domingos para poder desviarse para recoger a la Hermana Rusher y llevar a tiempo a ambos a la iglesia a tiempo. La acompañó cuidadosamente a su asiento, el mismo asiento en la parte delantera que ella y su esposo habían ocupado durante cuarenta años. Después de los servicios de la iglesia, la Hermana Rusher parecía tardar una eternidad en irse. Caminaba muy despacio y se detenía a menudo para charlar con sus muchos viejos amigos. Este era su único momento durante la semana para socializar con otros. Le gustaba tomar una dona y una taza de té de la mesa de hospitalidad.

> ## Parecía que todo el mundo giraba alrededor del auto de Lucas.

De camino a casa, la Hermana Rusher a menudo preguntaba si a Lucas le importaba detenerse a recoger una receta en la farmacia o una docena de huevos en el mercado. Esto significaba que a menudo no quedaba tiempo para jugar al fútbol con sus amigos. Esto no era exactamente lo que Lucas imaginó que sería tener un coche.

Un día, fue como si se encendiera una bombilla en la cabeza de Lucas. De repente se dio cuenta de que era necesario, y se sintió bien. Su coche era una herramienta que podía ayudar a la gente. Le gustaba la idea de ayudar a la gente, incluso si eso significaba llegar tarde a sus partidos de fútbol. A partir de ese momento, muchas personas que necesitaban viajes terminaron en el coche de Lucas. Se ganó la reputación de ser el que decía que sí con una sonrisa.

> **Tus elecciones serán las que provengan de un corazón que ama la verdad, persigue la excelencia y sirve a los demás.**

Poniéndolo Todo Junto

Amar la verdad, perseguir la excelencia y servir a los demás requiere mucha práctica. Puede ser útil que tomes nota de cuándo ves estas cualidades en los demás. ¿Te dejó alguien pasar delante de ellos en la fila de la tienda? ¿Un miembro de tu familia te dejó el último panecillo porque sabía que lo querías? ¿Alguien recogió después de ti en la mesa de manualidades? ¿Un amigo se corrigió cuando empezó a exagerar la verdad? Deja que estos sean ejemplos para ti. Si buscas oportunidades, encontrarás formas de practicar tu código, empezando por lo pequeño y trabajando gradualmente hacia formas más grandes.

Con tu código de conducta como guía, descubrirás que es más fácil tomar buenas decisiones en cualquier situación. ¿Qué elección honra mejor la verdad, te permite dar lo mejor de ti y ayuda a alguien? Tus elecciones serán las que provengan de un corazón que ama la verdad, persigue la excelencia y sirve a los demás. Tu código es una forma clara de apuntarte hacia el bien, y beneficia al mundo que te rodea y establece un buen ejemplo para los demás. Y eso te beneficiará a largo plazo.

Seguir tu código te estirará y te desafiará a actuar de maneras que pueden no ser familiares. ¡Bravo por ti por probar cosas nuevas! Con el tiempo, verás los resultados de esta nueva forma de tomar decisiones. Es posible que desees llevar un diario de las pequeñas formas (¡y las grandes!) en que sigues tu código, y cuáles son los resultados. Recuerda que la práctica hace al maestro.

Algunas preguntas para ti:

1. ¿Estás dispuesto a firmar este código de conducta y hacerlo tuyo?

2. ¿Puedes pensar en un momento en que alguien que conoces demostró amor por la verdad?

3. ¿Puedes pensar en un momento en que alguien que conoces demostró la búsqueda de la excelencia?

4. ¿Puedes pensar en un momento en que alguien que conoces haya mostrado servicio a los demás?

Notas:

7 · El Mundo Espiritual

Eres joven, con mucho por delante. Puede que tengas una carrera algún día. Tu mundo puede incluir aventuras y viajes. O tal vez tengas ideas de negocios creativas.

Quizás quieras desarrollar tu fuerza física y sobresalir en los deportes. O tal vez tengas talento artístico. Luego están tus relaciones personales. La amistad ofrece la alegría del compañerismo y estar con personas que piensan como tú y que te desafían. Para muchos de ustedes, el matrimonio y la paternidad son parte de su futuro. Sin duda, al entrar en la edad adulta, su vida estará llena de sorpresas. Todas estas son maravillosas actividades en el mundo físico.

Pero tu vida no se trata solo de lo que sucede en el mundo físico. También se trata de lo que sucede en el mundo espiritual. El mundo espiritual es una forma *completamente diferente* de experimentar la vida.

> *Las cosas que se ven son temporales, pero las que no se ven son eternas.*
> (2 Corintios 4:18)

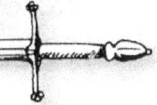

¿Qué es este mundo espiritual? Mientras que el mundo que vemos a nuestro alrededor dura solo un corto tiempo, el mundo espiritual existe fuera del tiempo. Es para siempre. Es incluso más importante que la carrera, la aventura, la amistad, los deportes, el dinero e incluso las cosas mundanas más maravillosas. El mundo espiritual es donde encontramos a Dios.

¿Quién Es Dios?

Dios se ha revelado a nosotros a través de su Palabra, es decir, la Santa Biblia. Es imposible decir todo lo que Dios es, pero comencemos con algunos conceptos básicos. La Biblia nos dice que Dios es el Creador del universo y la fuente de toda vida. Él es infinito en conocimiento, poder y todo lo que es santo y bueno. Él es perfectamente justo y recto. Él nos conoce por dentro y por fuera porque él nos creó. Tan inmenso como es Dios, él se preocupa por ti y por mí.

Podemos pensar en Dios como teniendo tres "personas", Padre, Hijo y Espíritu Santo, un solo Dios en tres partes. Esto se llama la Trinidad. Imagina una sola joya. Es una, sin embargo, cuando la giras, ves diferentes facetas o caras. Pero sigue siendo una sola joya. Este es solo un ejemplo de la idea de tres en uno. Así es con Dios en tres personas. Cada uno de los tres en la Trinidad tiene una faceta única, pero todos son uno y están en armonía entre sí.

Dios Padre es la persona de la Trinidad que es la fuente y el Creador de todas las cosas. No es visible para nosotros, pero vemos su creación a nuestro alrededor todos los días. Aunque Dios está más allá de nuestra comprensión total, podemos relacionarnos con él como un padre amoroso.

Dios Hijo, Jesucristo, es la persona de la Trinidad que tomó la forma de una persona y vino a vivir en la tierra. Sus enseñanzas, su vida ejemplar y su sacrificio muestran su gran amor por nosotros.

Dios Espíritu Santo es el Espíritu de Jesús y el Padre, que

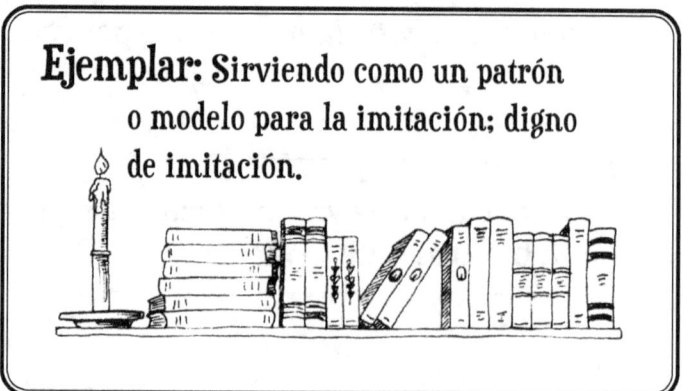

Ejemplar: Sirviendo como un patrón o modelo para la imitación; digno de imitación.

vive en los corazones de quienes creen en Dios. El Espíritu Santo nos guía a toda la verdad y actúa como nuestra conciencia, nos ayuda y nos consuela, y nos señala a Jesús.

El Reino de Dios

El reino de Dios, a veces llamado el reino de los cielos, no es un reino de cuento de hadas imaginario de castillos, fosos, dragones y matadragones; aunque, como el reino de cuento de hadas imaginario, está separado del mundo físico. El reino de Dios no está diseñado por arquitectos humanos ni construido por manos humanas, de ladrillo, cemento, vidrio o acero, aunque, como el mundo hecho por el hombre, es real. Dios es su arquitecto y constructor. No puedes viajar a este reino a caballo, en tren, en cohete o a pie. Siri y Alexa no pueden darte indicaciones.

El reino de Dios no está en ningún mapa, pero no es menos real que todo lo que nos rodea que podemos ver y tocar. Piensa en el amor. El amor es otro ejemplo de algo que no podemos ver ni tocar, pero sabemos que es real y muy poderoso.

Jesús pasó mucho tiempo enseñando cuando estuvo en la tierra. Podemos aprender mucho sobre el reino de Dios de las palabras de Jesús. Centrémonos solo en una de esas enseñanzas. Esto es lo que dijo Jesús:

El reino de los cielos también es semejante a un mercader que busca perlas finas, y al encontrar una perla de gran valor, fue y vendió todo lo que tenía y la compró. **(Mateo 13:45-46)**

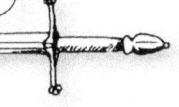

Esta descripción del reino de los cielos no tiene sentido en el mundo físico, lo que nos da una fantástica oportunidad para practicar ver las cosas con ojos espirituales. Lo importante a notar sobre esta enseñanza es que Jesús describe el reino no como un lugar sino como una persona, una que está activamente buscando perlas finas. Encuentra una perla que es tan selecta que vende todo lo que posee para comprarla. ¡Esa debe haber sido una perla extraordinaria! ¿Puedes pensar en un objeto por el que irías y venderías todo lo que tienes solo para poseerlo?

Adivina qué. En esta enseñanza sobre el reino de Dios, puedes pensar en Jesús como el mercader y tú como esa perla de gran valor. Sí, Jesús te considera de tan alto valor que gastó todo lo que tenía, su propia vida, para comprarte.

En el reino de Dios, eres valorado y amado por quién eres. El reino de Dios es un reino de amor perfecto, y ese amor está disponible para ti. Así es como la Biblia describe el amor perfecto de Dios:

Estoy convencido de que ni la muerte,
ni la vida,
ni ángeles,
ni principados,
ni lo presente,
ni lo por venir,
ni los poderes,
ni lo alto,
ni lo profundo,
ni ninguna otra cosa creada
[en otras palabras, NADA—¡ninguna cosa!]
nos podrá separar del amor de Dios
que es en Cristo Jesús Señor nuestro.
(Romanos 8:38-39)

¿Quién Soy Yo?

Jesús dice que eres una perla de gran valor. Pero tal vez no estés tan seguro de quién eres. A medida que maduras, comienzas a cuestionar tu identidad.

"¿Quién soy yo?" Escuchas las palabras que la gente dice sobre ti, y las agregas a la imagen que ves en el espejo para formar una imagen en tu mente de quién crees que eres. Pero, ¿es eso realmente quién eres?

Muchas veces, las cosas que la gente dice sobre nosotros están lejos de la verdad. Incluso pueden ser palabras crueles destinadas a hacernos sentir pequeños. Además, estamos ocupados comparándonos con los demás, por lo que nuestra visión de nosotros mismos está distorsionada. La pregunta es, ¿dónde podemos encontrar una imagen verdadera de quiénes somos?

Creó, pues, Dios al hombre a imagen suya, a imagen de Dios lo creó; varón y hembra los creó. Y los bendijo Dios.
(Génesis 1:27-28)

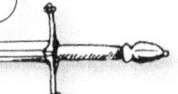

Aquí es donde proviene tu verdadera identidad. Tu verdadero valor está definido por el gran amor de Dios por ti.

Dios hizo a los seres humanos de una manera única. A diferencia de todo lo demás que creó, nos hizo *a su imagen*. Este es un gran privilegio que nos dio, ser los portadores, los embajadores, de su imagen. Como tal, cada persona posee una gran dignidad y valor a sus ojos, incluyendo tú.

Muchas veces, el mensaje dado por la sociedad, las redes sociales, tu escuela, las películas, los libros y la música, va en contra de esta idea de la dignidad inherente, dada por Dios, de la vida humana. Es por eso por lo que ves a la gente tratándose a sí misma y a los demás como si no tuvieran valor. Esos otros incluso podrían incluir a los no nacidos, que a menudo son tratados como basura en lugar de como preciosos hijos de Dios. O personas muy mayores, a quienes a veces se les anima a "salirse del camino". Tal

vez conozcas personas que se cortan o tienen trastornos alimenticios u otros comportamientos autodestructivos, incluso tan extremos como pensar en quitarse la vida. Muchos han creído una mentira sobre quiénes son. Creen que no tienen valor.

Pero sí tienen valor a los ojos de Dios, y tú también. Tienes un gran valor precisamente porque eres un hijo precioso y amado de Dios. Aquí es donde proviene tu verdadera identidad. Tu verdadero valor está definido por el gran amor de Dios por ti. Te encontró tan digno de su amor que dio su vida por ti.

> *En esto consiste el amor: no en que nosotros hayamos amado a Dios, sino en que Él nos amó a nosotros y envió a su Hijo como propiciación por nuestros pecados.* (**1 Juan 4:10**)

Una vez que te veas con el valor que tienes a los ojos de Dios, te verás como realmente eres. Eres el amado.

> # Si alguna vez has deseado ser amado con amor perfecto, eso era tú anhelando estar con Dios y ser abrazado por su amor perfecto.

Amor Perfecto

Acabamos de hablar de un reino en el que eres tan valioso, como esa perla preciosa, que Jesús dio su vida por ti. Describimos cómo el amor de Dios por ti es de lo que se trata su reino. Su amor es diferente al amor que proviene de cualquier otro lugar. Está más allá del amor que tu madre, tu padre, tus amigos, tu hermano y hermana, o del que tus abuelos pueden darte. Puede que te amen mucho, pero su amor es humano, lo que significa que es imperfecto.

Quizás sabes algo sobre el amor imperfecto. Una persona que se suponía que te amaba perfectamente solo pensaba en sí misma. Otra persona que se suponía que te amaba perfectamente no escuchó. Otra no fue justa. Y otra fue abusiva. Todos hemos visto cómo el amor humano puede ser imperfecto. Puede que hayas estado en el lado receptor del amor imperfecto, y puede que también hayas dado amor imperfecto.

El amor de Dios no sufre por la imperfección humana. El amor de Dios está más allá de la medida humana. Su amor es perfecto. Tal vez nadie te haya dicho antes de tu gran valor. Dios quiere que sepas que tienes el mayor valor a sus ojos. Tal vez nunca pensaste en estar con Dios, mucho menos en desear estar con Él. Pero si alguna vez has deseado ser amado con amor perfecto, eso era tú anhelando estar con Dios y ser abrazado por su amor perfecto. Él colocó esa hambre de amor perfecto dentro de ti, sabiendo que solo él puede proporcionarlo, para atraerte hacia él.

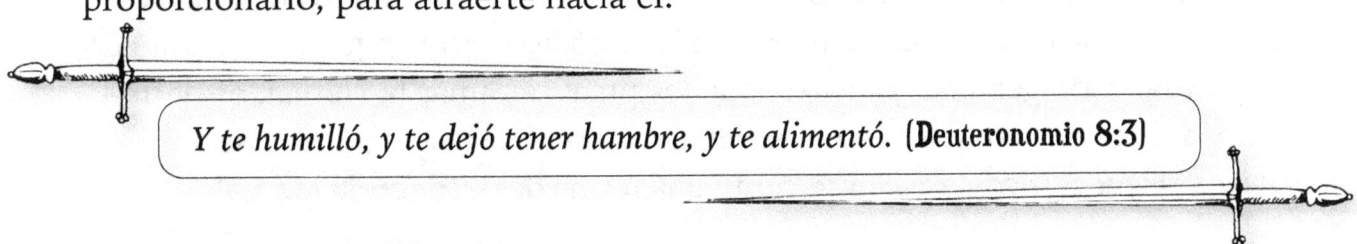

Y te humilló, y te dejó tener hambre, y te alimentó. (Deuteronomio 8:3)

La Ley Real

Llevemos esto a otro nivel. Una vez que seas capaz de ver tu valor intrínseco, eso cambiará la forma en que ves a los demás y su valor. Llegarás a tratar a los demás con el mismo respeto que Dios tiene por ti. Esto nos lleva a lo que se llama la "ley real" de Jesús,[1] y va así:

Intrínseco: Verdadero; genuino; real; esencial; inherente; no accidental.

---

1. Santiago 2:8: "Si en verdad cumplís *la ley real* conforme a la Escritura: Amarás a tu prójimo como a ti mismo, bien hacéis".

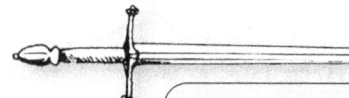
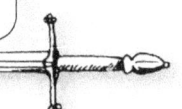

> *Os améis los unos a los otros; que como yo os he amado, así también os améis los unos a los otros.* (Juan 13:34)

Dios te estima tanto que te hizo a su imagen. Así como puedes parecerte a tu abuelo o a tu tía, tienes un parecido familiar con Dios. Al amar a los demás, demuestras que eres parte de su familia porque él también ama a los demás. Esta es una forma de mostrar tu amor por Dios. También es parte de apuntar hacia el bien.

Encontrarás que es fácil amar a los amables y difícil amar a los no amables, y a aquellos que no te aman. Aquí es donde tu código entra en juego en el mundo espiritual. Con personas difíciles, puedes practicar amar la verdad, es decir, la verdad de cuán altamente Dios los valora, así como te valora a ti. Y puedes practicar sirviéndoles con excelencia como una forma de obedecer la ley real.

Algunas preguntas para ti:

1. ¿Cuáles son algunas de tus metas en la vida?

2. ¿Qué significa para ti que Dios te haya hecho a su imagen?

3. ¿De dónde proviene tu valor?

4. ¿Qué significa para ti que Dios haya hecho incluso a las personas que no te gustan a su imagen?

Notas:

8 • Tu Código se Encuentra con el Reino

Ahora que hemos aprendido sobre el reino de Dios, volvamos a las tres cualidades que componen tu código de conducta: amar la verdad, perseguir la excelencia y servir a los demás. Sabemos que te ayudan en el mundo físico. Ahora veremos cómo te ayudan en el lado espiritual. Los tomaremos uno a la vez:

La Verdad en el Reino

Nuestro *amor por la verdad* es una forma de decirle a Dios: "Dios, seré honesto conmigo mismo y contigo. Me ves por dentro y por fuera. No tengo secretos para ti. Seré una persona íntegra, incluso cuando nadie esté mirando".

Pero el amor por la verdad va mucho más allá. Jesús dijo que *él es la verdad.*

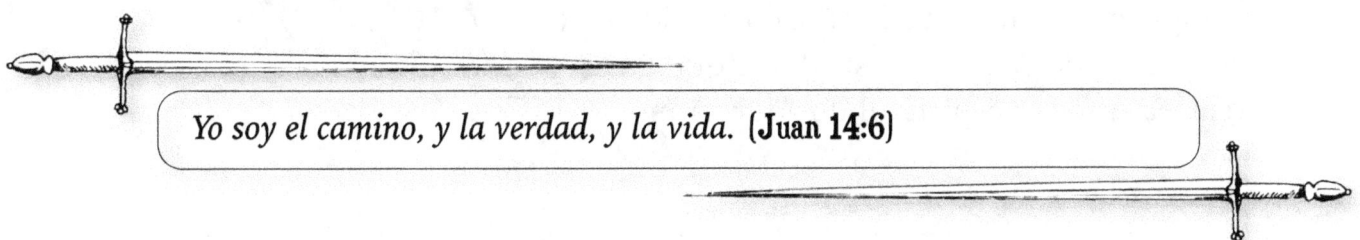

Yo soy el camino, y la verdad, y la vida. (Juan 14:6)

¿Qué quiso decir Jesús al decir que él es la verdad? Quería decir que él encarna la verdad. Todo lo que Jesús dice y hace es real, basado en la realidad, genuino y sin engaño, motivos ocultos o engaños. Él es lo que dice ser y se

> ## Él es lo que dice ser y se puede confiar en que cumplirá su palabra y nunca cambiará en su carácter.

puede confiar en que cumplirá su palabra y nunca cambiará en su carácter. Podemos confiar en sus palabras en la Biblia porque sabemos que no está en su naturaleza mentir. Cuando creemos en Jesús, estamos creyendo lo que es verdad.

Pero hay uno que es el padre de las mentiras. Él es lo opuesto a la verdad. Está lleno de engaño. Te ofrece una falsificación en lugar de la verdad. Lo que ofrece puede parecer agradable, pero siempre tiene un gancho. Por ejemplo, el niño de piernas largas y la niña de pelo rizado se pusieron "felices" con el uso de drogas y alcohol, pero no era verdadera felicidad. Era una falsificación ofrecida por el enemigo. Jesús ofrece alegría, que es la verdadera experiencia de la felicidad profunda y duradera en la vida. Esos dos perdieron esa ronda de la batalla porque eligieron la falsificación en lugar de la verdadera.

Excelencia en el Reino

Nuestra *búsqueda de la excelencia* es una forma de decirle a Dios, como lo hizo Jorge, "Dios, voy a hacer todo, ya sea mi trabajo escolar, las tareas del hogar o ayudar a un extraño, como si lo estuviera haciendo para ti". Esto hace que cada tarea sea un acto espiritual de adoración.

> *Y todo lo que hagáis, hacedlo de corazón, como para el Señor y no para los hombres.* (Colosenses 3:23)

Servicio en el Reino

Servir a los demás es una forma de decirle a Dios: "Dios, quiero ser más como tú. Tú viniste a servir y no a ser servido". Jesús pudo haber venido como un rey poderoso, pero en cambio eligió humillarse, incluso hasta el punto de morir en la cruz. Se nos invita a dejar nuestras vidas de lado por los demás, tal como lo hizo él.

> *Porque ni aun el Hijo del Hombre vino para ser servido, sino para servir, y para dar su vida en rescate por muchos.* **(Marcos 10:45)**

Al considerar el lado espiritual de tu código, diriges tu atención a Dios. Esto agrega significado, propósito y dirección a todo lo que haces. Te saca de la terrible soledad del pensamiento centrado en ti mismo hacia una asociación con Dios, donde tus acciones tienen significado y nunca estás solo.

Destino: El Reino

Entonces, ¿cómo entras en este reino de Dios si no está en el mundo físico? Apuntar hacia el bien es genial, pero el problema es que no hay una sola persona en la tierra que haya podido hacer eso perfectamente. Todos luchamos por hacer lo correcto. No viene naturalmente. Nos equivocamos. Eso es parte de lo que significa ser humano. ¿Recuerdas a ese bebé que pensaba que era el centro del universo? Una parte de ella sigue siendo esa bebé egoísta, incluso cuando crece y aprende a comportarse como un adulto.

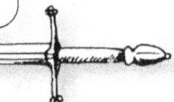

Otra palabra para nuestros errores es pecado. Pecado es una palabra que significa "fallar el objetivo", como cuando el arquero falla el centro del blanco. Incluso si apenas falló el centro del blanco, aún falló. Incluso si hacemos el bien el 99 por ciento del tiempo, todavía fallamos ese 1 por ciento.

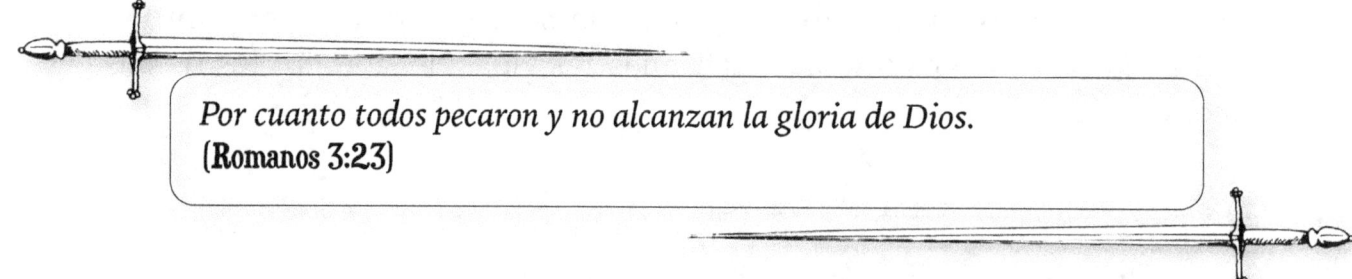

> *Por cuanto todos pecaron y no alcanzan la gloria de Dios.*
> (Romanos 3:23)

No podemos entrar en el reino de Dios con pecado en nosotros porque Dios es un Dios santo, y su reino es un lugar santo. No puede haber pecado en su presencia.

Pero Dios

Entonces, ¿es ese el final de la historia? ¿demasiado malo para ti? ¡No! Dios sabe acerca de tu pecado. Él sabe cada vez que has pellizcado a tu hermana o robado algo de la tienda, cada pensamiento de odio en tu cabeza, cada mentira, e incluso todas las cosas mucho peores que ya puedes estar haciendo y que puedes hacer en el futuro. Él te conoce íntimamente.

No hay forma de que puedas entrar en su reino con tu pecado porque Dios es un Dios justo y la justicia debe reinar en su presencia. Pero aun así, Dios quiere que estés con él en su reino. *Entonces, él hizo un camino.* Él envió a su Hijo, Jesús. ¿Qué pensarías si hicieras algo realmente malo y en lugar de ser castigado por ello, un perfecto extraño se acercará y dijera: "No castigues a este. Yo tomaré el castigo en su lugar". Eso es lo que hizo Jesús. Él pagó el precio más alto. Él dio su vida por tus pecados cuando murió en la cruz.

Recuerda, el mercader estaba dispuesto a vender todo lo que tenía para comprar esa perla de gran valor. Jesús estaba dispuesto a dar todo lo que tenía para que tú, su preciosa perla, pudieras entrar en su reino. Él te compró.

Acabamos de decir que no hay una sola persona en la tierra que haya sido capaz de apuntar al bien perfectamente. Pero Jesús es la excepción. Él es la única persona en la historia humana que nunca pecó. Jesús siempre apunta al bien, y siempre da en el blanco. Él está calificado para tomar todos tus pecados sobre sí mismo para que puedas ser libre y entrar en su reino. Se necesitó a alguien que fuera perfecto para lograr esto, nadie más podía hacerlo. Él intercambió su perfección por tu pecaminosidad:

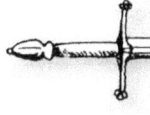
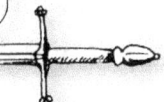

Al que no conoció pecado, le hizo pecado por nosotros, para que fuéramos hechos justicia de Dios en Él. (**2 Corintios 5:21**)

¿Qué debes hacer para entrar en el reino de Dios? Es increíblemente simple. Todo lo que tienes que hacer es creer:

Porque de tal manera amó Dios al mundo, que dio a su Hijo unigénito, para que todo aquel que cree en Él, no se pierda, más tenga vida eterna. (**Juan 3:16**)

Jesús vivió el código de verdad, excelencia y servicio necesario para completar su misión de ser el sacrificio perfecto sin pecado por nuestro pecado. Para todos los que pellizcan a sus hermanas, ladrones, odiadores, mentirosos y peores, esa es realmente una buena noticia. Todo lo que tienes que hacer es creer, simplemente dile: "¡Jesús, creo en ti! Por favor, entra en mi corazón y límpiame. ¡Quiero estar en tu reino contigo para siempre!"

> *Por lo cual, puesto que recibimos un reino que es inconmovible, demostremos gratitud, mediante la cual ofrezcamos a Dios un servicio aceptable con temor y reverencia.* (**Hebreos 12:28**)

¿Alguna vez has oído la oración que dice: "Venga tu reino"? El reino de Dios ya ha llegado en parte, porque dondequiera que esté Dios, allí está su reino. Pero aún no vivimos en él plenamente. Cuando muramos, iremos a vivir con él en su reino para siempre.

Habrá un tiempo en que Jesús volverá para traer el reino de Dios en su plenitud. Pero ahora mismo, el mundo todavía está sujeto a las influencias negativas del maligno, a las que debemos aprender a resistir en esa Gran Batalla. Hablaremos más sobre eso la próxima vez.

Algunas preguntas para ti:

1. En tus propias palabras, describe el reino de Dios.

2. ¿Por qué Dios se tomó la molestia de hacer un camino para que nosotros estuviéramos con él en su reino a pesar de nuestra pecaminosidad?

3. ¿Crees que Jesús vino a tomar el castigo por tus pecados y darte vida eterna?

Notas:

9 • El Guerrero Victorioso

Ahora que sabes sobre el mundo espiritual, volvamos a esa Gran Batalla. Puedes preguntar, ¿quién está luchando en esta batalla? El enemigo espiritual de Dios, el padre de las mentiras está luchando contra Dios. Este enemigo de Dios es el mismo que se presentó como una serpiente para convencer a Adán y Eva de creer sus mentiras.

El enemigo está trabajando horas extras todo el tiempo. Recuerda, él odia a Dios, así que odia lo que Dios ama, que eres tú, la cúspide de su creación. El enemigo está ocupado tratando de derribarte y atraerte hacia lo que es destructivo. Fumar marihuana, beber el whisky de tus padres, jugar con lo oculto o visitar sitios web inapropiados puede parecer una tontería al principio, pero introducen un virus espiritual en tu vida que puede propagarse y eventualmente destruir todo lo que es bueno. Al enemigo no le gustaría nada más que hacerte lo que le hizo a Adán y Eva: convencerte de que eres tu propio dios y que puedes crear tus propias reglas. Pero no te dejes engañar. Él solo quiere destruirte.

Te Guste o No

Puedes decirte a ti mismo: "no quiero ser parte de esta batalla". Puedes desear que esté lejos de ti, pero, te guste o no, está muy cerca y muy presente.

> ## La Biblia nos dice cuál será el final. Y es bueno.

No puedes escapar de ella ignorándola. De hecho, estás en el corazón de esta batalla, porque tú eres el premio. Ambos bandos quieren ganarte. Un bando quiere ganarte para poder destruirte. El otro bando quiere ganarte para que puedas vivir tu mejor vida y habitar en libertad y alegría en el reino de Dios con él para siempre. ¿Qué bando será victorioso en tu vida?

Hay una interacción entre el mundo espiritual y el mundo físico. ¿Cómo se muestra la batalla espiritual en el mundo que te rodea? Siempre que veas caos, fealdad, suciedad, odio, destrucción, mentiras, desesperación y muerte, estos son productos de la influencia del mal. Puedes verlos a tu alrededor en el mundo de hoy.

Por otro lado, el orden, la limpieza, el amor, la construcción, la verdad, la alegría, la belleza, la generosidad, la amabilidad y la vida son productos de la influencia del bien. También puedes verlos a tu alrededor en el mundo de hoy. Estas señales de bien y mal muestran que, aunque la batalla es invisible, toca la vida de las personas de maneras muy visibles.

Aunque el mal pueda parecer ganar terreno, la buena noticia es que al final, el bien vence al mal. Sabemos esto porque la Biblia nos dice cuál será el final. Y es bueno. Pero hasta entonces, la lucha debe continuar. Más que nada, busca primero el reino de Dios y su justicia, sabiendo que todo lo que necesitas te será provisto.

> *Pero buscad primero su reino y su justicia, y todas estas cosas os serán añadidas.* (Mateo 6:33)

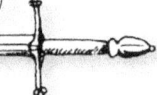

El Guerrero Victorioso

No estás solo en esta batalla. Hay uno que siempre estará a tu lado. El Guerrero Victorioso lucha junto a ti. ¿Quién es el Guerrero Victorioso? Es Jesús. Jesús puede ser conocido de muchas maneras. En la Biblia se le representa como un capitán de los ejércitos del Señor con la espada desenvainada. Se le representa como un león y a veces incluso como un cordero sacrificial. Se le representa como aquel cuyos enemigos serán un estrado para sus pies.

Aprendamos más sobre Jesús como el Guerrero Victorioso. Aquí hay una descripción de él, donde lo vemos "en medio de ti", lo que significa que está justo ahí contigo. También leemos que "se gozará en ti con alegría", lo que significa que haces doblemente feliz a este Guerrero Victorioso, ¡regocijándose con alegría!

> *El Señor tu Dios está en medio de ti, Guerrero Victorioso; se gozará en ti con alegría.* **(Sofonías 3:17)**

¿Cómo es Jesús un guerrero? En el mundo espiritual, Jesús logró una victoria muy importante en la Gran Batalla cuando dio su vida para tomar el castigo por nuestros pecados. Podemos preguntarnos cómo eso podría ser una victoria. ¿No murió en una muerte dolorosa después de ser humillado frente a los líderes y el pueblo de su tiempo? Aunque parecía una derrota para Jesús, en el ámbito espiritual, la cruz fue la victoria resonante del Guerrero Victorioso sobre el enemigo de Dios. Él ganó una victoria sobre el pecado y la muerte.

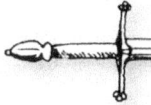

> *Y habiendo despojado a los poderes y autoridades, hizo de ellos un espectáculo público, triunfando sobre ellos por medio de Él.* **(Colosenses 2:15)**

Su muerte en la cruz no es el final de la historia de lo que le sucedió a Jesús. Aunque murió, resucitó de entre los muertos. Salió de su tumba y ganó la victoria final sobre la muerte. Esta victoria también fue para nosotros, porque ahora nosotros también tenemos victoria sobre la muerte. Cuando esta vida termina, entramos en una nueva vida que nunca termina. Somos ciudadanos de su reino para siempre. Esto quita el aguijón de la muerte y lo reemplaza con una dulce esperanza de unión con Dios que durará por la eternidad.

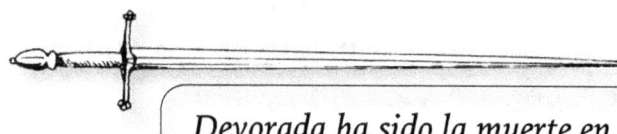

> *Devorada ha sido la muerte en victoria. ¿Dónde está, oh muerte, tu victoria? ¿Dónde, oh sepulcro, tu aguijón?* **(1 Corintios 15:54-55)**

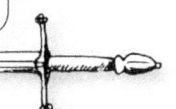

El que cree en Jesús entra en la victoria eterna que Jesús ya ganó y se convierte en un guerrero en su ejército victorioso. Se te asegura la victoria al estar bajo su bandera de batalla. La Gran Batalla termina con el malvado siendo arrojado a un lago de fuego, para nunca más ser oído.

> *Y el diablo que los engañaba fue arrojado al lago de fuego y azufre.... El Hijo de Dios se manifestó con este propósito: para destruir las obras del diablo.* **(Apocalipsis 20:10; 1 Juan 3:8)**

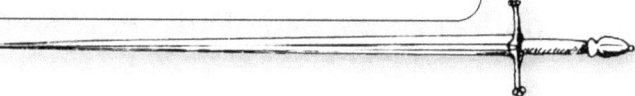

Tu Manual del Guerrero Espiritual

Tu manual de instrucciones principal como guerrero espiritual es la Santa Biblia. Es la guía definitiva para tu vida espiritual. La Biblia es la historia de la participación de Dios en la vida de su amada creación humana durante miles de años. Habla de personas que amaron y buscaron a Dios, y habla de algunas que le desobedecieron. Habla del Guerrero Victorioso en todas las facetas de su carácter. Habla de sus victorias, volviendo con frecuencia al tema de su propósito que nunca puede ser derrotado: salvar a la humanidad del pecado.

La Biblia es muchas cosas. Es un libro de historia, poesía y predicciones del futuro. También es una historia de amor. En cierto modo, habla del amor de Dios por ti. Cuando la lees, puedes descubrir la cercanía de Dios a medida que su verdad se te revela. Sorprendentemente, es un libro vivo, lo que significa que cuando lo lees, las palabras de Dios pueden trabajar junto con el Espíritu Santo de Dios que vive dentro de ti, de modo que recibas ideas personales solo para ti.

Leer tu Biblia y pensar y orar sobre lo que has leído es una forma de aplicar los principios espirituales de Dios a tu vida. Haz un hábito de leerla regularmente. Encuentra adultos que puedan ayudarte con las cosas de la Biblia que no entiendes. Incluso puedes querer unirte a un grupo de jóvenes en una iglesia cercana para que puedas estudiar la Biblia con otros de tu edad.

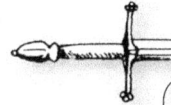

¿Cómo puede el joven guardar puro su camino?
Guardando tu palabra.
Con todo mi corazón te he buscado;
no dejes que me desvíe de tus mandamientos.
En mi corazón he atesorado tu palabra,
para no pecar contra ti. **(Salmos 119:9-11)**

Tu Armadura Espiritual para la Batalla

La Biblia habla de una armadura espiritual con la que Jesús, el Guerrero Victorioso, te equipa para la Gran Batalla. Esta armadura está perfectamente adaptada a la guerra espiritual. Él te da las armas espirituales para salir victorioso y estar de pie fuerte:

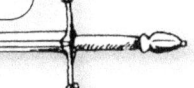

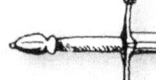

Revestíos con toda la armadura de Dios para que podáis estar firmes contra las insidias del diablo. Porque nuestra lucha no es contra sangre y carne, sino contra principados, contra potestades, contra los poderes de este mundo de tinieblas, contra las huestes espirituales de maldad en las regiones celestiales. Por tanto, tomad toda la armadura de Dios, para que podáis resistir en el día malo, y habiéndolo hecho todo, estar firmes. (Efesios 6:11-13)

Según la Biblia, las piezas de tu armadura son:

- **El cinturón de la verdad** para usar debajo de tu armadura. Jesús es la verdad, así que cuando te pones su verdad primero, tienes la mejor base para el resto de tu armadura.

- **La coraza de justicia.** Jesús te da su justicia para cubrirte y proteger tu corazón del mal.

- **Las sandalias de la preparación del evangelio de paz.** Te pones estas sandalias para salir y declarar la bondad de Jesús.

- **El escudo de la fe.** Este escudo apaga los dardos de fuego que el enemigo te lanza. Sus mentiras no pueden penetrar tu fe en Jesús.

- **El yelmo de la salvación.** La salvación que recibiste de Jesús cuando creíste en él protege tu mente y tus oídos de los ataques del maligno como un yelmo protege la cabeza.

- La espada del Espíritu, que es la palabra de Dios. Tienes la palabra de Dios, tu Biblia. La palabra de Dios es una espada poderosa y afilada que corta entre la verdad y la mentira.[1]

Pero tienes un arma más importante en la Gran Batalla, y esa arma es la oración.

> *Con toda oración y súplica orad en todo tiempo en el Espíritu, y así, velad con toda perseverancia y súplica por todos los santos.*
> **(Efesios 6:18)**

Puedes confiar en el arma de la oración todos los días, de hecho muchas veces al día. Este es el canal de comunicación donde puedes desahogar tu corazón con Dios y él te escuchará. Pide las cosas que necesitas, confiesa a él cuando hayas hecho algo mal en el camino y pide su perdón. Da gracias por las cosas buenas que has recibido y expresa tu amor y aprecio por Dios. Estas son todas formas de orar.

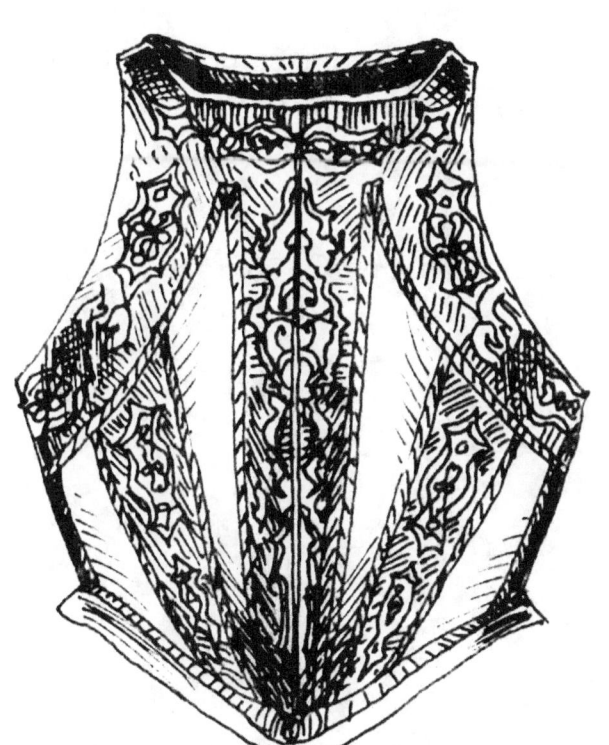

Oración es el canal de comunicación donde puedes desahogar tu corazón a Dios y él te escuchará.

---

1. Ephesians 6:14–17. Esta pieza de armadura es la inspiración detrás de las espadas que ves alrededor de las palabras de la Biblia en este libro.

Tu armadura espiritual está disponible para ti todo el tiempo. Puedes imaginarte poniéndotela como una forma de prepararte para los desafíos diarios de la vida. Luego, ve con confianza sabiendo que el Guerrero Victorioso camina a tu lado.

Algunas preguntas para ti:

1. ¿Alguna vez sientes que una batalla espiritual se está librando a tu alrededor?

2. ¿Tienes un grupo de iglesia al que puedas unirte para aprender más sobre Jesús y la batalla espiritual?

3. ¿Tienes una Biblia? Si no, ¿te gustaría una? Si es así, contáctanos en Bibles@VictoriousWarrior.org y te enviaremos una gratis.

4. ¿Qué hay en tu vida que te hace regocijarte con alegría, como el Guerrero Victorioso se regocija por ti?

Notas:

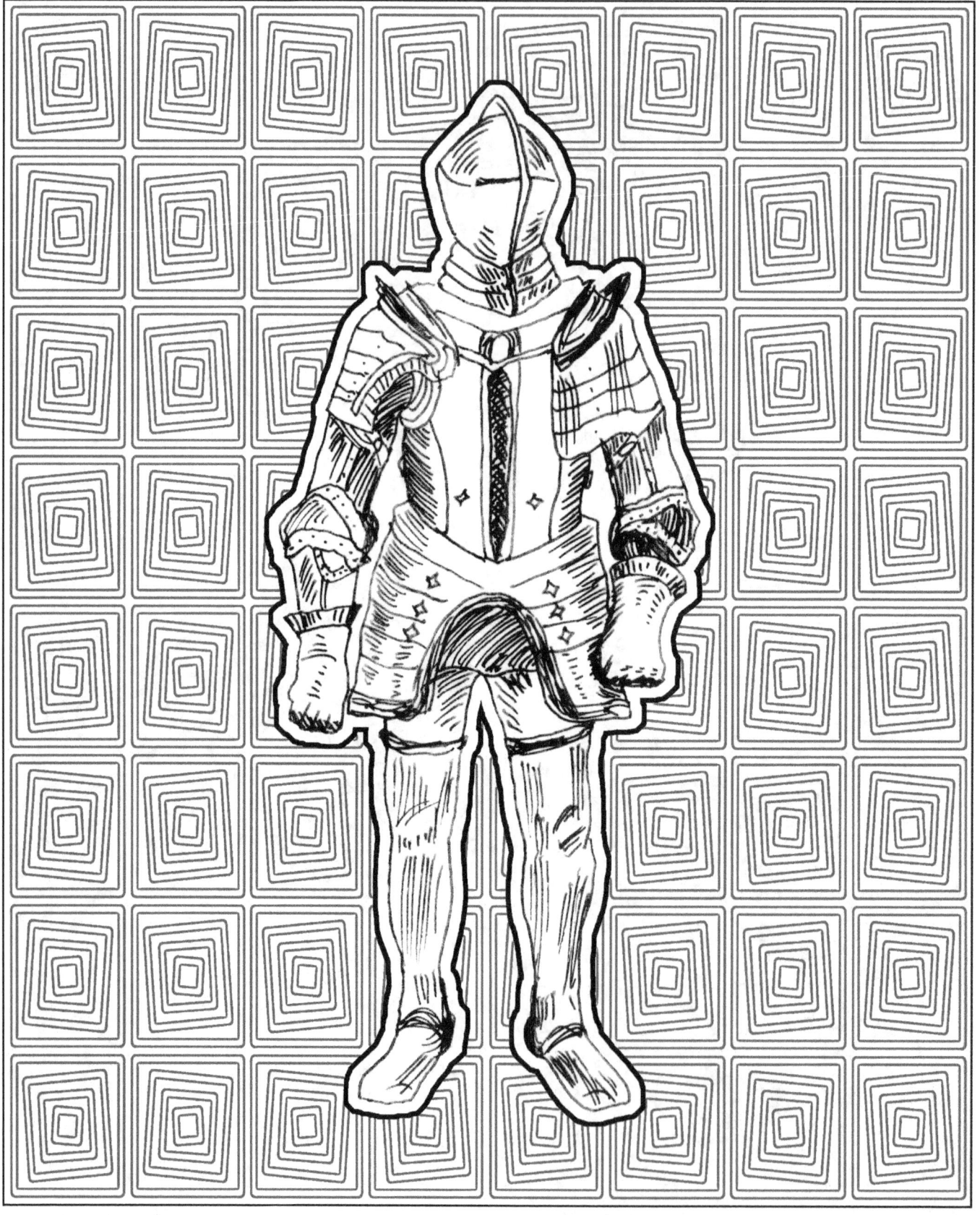

10 • ¿Quién Va a Ser el Jefe?

Los desafíos de un guerrero espiritual no son triviales. Serás probado. Tu primer deber es estar preparado para la batalla. Una forma en que el Espíritu Santo obra en ti es ayudarte a ejercer el dominio propio. El dominio propio es uno de lo que llamamos el "fruto del Espíritu".[1] Para que seas igual a los desafíos que enfrentarás en la vida, debes aprender a refrenar tus deseos y, en resumen, *ser el jefe*. Esta es una de las cosas más difíciles e importantes que aprender en el desarrollo de la mentalidad de un guerrero espiritual y, a largo plazo, la más gratificante.

Controlar Tus Deseos

¿Quién va a ser el jefe? ¿Quién va a estar al mando de tus elecciones? ¿Será tu mejor juicio? ¿O tus deseos te controlarán? ¿Recuerdas al Sr. Me-Apetece y la Srta. No-Quiero? Ellos hacen lo que quieren ahora sin pensar en el mañana. La Srta. Debería y el Sr. Haz-lo-Correcto tienen metas a largo plazo que los llevan más allá de satisfacer sus deseos inmediatos.

Un ejemplo de esto puede ser cuando eliges pasar tu tarde estudiando para un examen próximo en lugar de jugar con tus gafas de realidad virtual. Cuando haces ejercicio en preparación para el gran juego, en lugar de quedarte pegado

---

1. Todos los frutos del Espíritu se encuentran en Gálatas 5:22–23.

al sofá viendo YouTube. Cuando ahorras tu dinero en lugar de tirarlo en cada pequeño capricho que se te cruza en el camino. Cuando mantienes el tamaño de tu porción de comida razonable y masticas tu comida, en lugar de atiborrarte como un lobo voraz.

Seamos específicos sobre lo que se entiende por tus deseos. Ciertamente, si tienes hambre, no es poco saludable desear comer. Pero algunos deseos son poco saludables y no están relacionados con necesidades reales. Te llevan por un camino que no es bueno para ti. Entonces, ser el jefe de tus deseos

> **Ser el jefe de tus deseos significa que satisfaces tus deseos dentro de los límites de lo que es saludable y lo que te mantiene apuntando hacia el bien.**

significa que satisfaces tus deseos dentro de los límites de lo que es saludable y lo que te mantiene apuntando hacia el bien. No permites que la satisfacción de tus deseos se desborde en la indulgencia y los comportamientos que causan daño a ti mismo o a los demás.

Algunos de los desafíos más comunes para ser el jefe de tus deseos están en las áreas de las redes sociales, los pensamientos y comportamientos sexuales, las drogas y el alcohol que alteran la mente. Muchos han caído a manos del enemigo en la Gran Batalla debido a la debilidad en una o más de estas áreas. Cada uno de ellos puede ser adictivo, lo que los hace aún más peligrosos cuando los usas mal. La adicción significa que siempre tienes hambre de más. Hace que tus deseos te roan, te griten y te molesten para que los alimentes, pero nunca se llenan, ¿y adivina qué? No importa cuánto los alimentes, nunca te dicen ni siquiera gracias.

El maligno intenta imitar a Dios ofreciendo cosas que parecen similares a las buenas cosas que Dios tiene para ti, pero las cosas del enemigo hacen daño en lugar de bien. En el área de las redes sociales, el enemigo ofrece "amigos" en línea fantasmas en lugar de verdadera amistad. En el área de la intimidad física, el enemigo ofrece lujuria en lugar de verdadero amor. En el área de las drogas y el alcohol que alteran la mente, el enemigo ofrece la felicidad de un subidón temporal en lugar del verdadero gozo que Dios ofrece.

Recuerda que el maligno quiere destruir las cosas que Dios ama. El maligno se pregunta: "¿Cómo puedo herir más a Dios?" La respuesta es destruyendo a los hechos a su imagen, es decir, a ti. Hoy encontramos que los jóvenes, personas de tu edad e incluso más jóvenes, son cada vez más el objetivo del maligno. Ante estas tentaciones, ¿puedes triunfar? Por supuesto que sí, poniéndote tu armadura espiritual, confiando en tu manual de guerrero, la Biblia, y estando con Jesús, el Guerrero Victorioso, la respuesta es sí.

Construyendo Memoria Muscular

Cuando eras un bebé, eras ese paquete esponjoso de demandas insistentes envuelto en un paquete adorable. Pero ya no eres un bebé. Ser capaz de resistir las demandas insistentes de tus deseos es lo que significa madurar. Nunca es fácil, pero como cualquier otra cosa, la práctica te fortalece. Nunca es demasiado tarde para comenzar a desarrollar el hábito de *refrenar tus deseos*.

Refrenar: Retener; controlar; impedir la acción, el procedimiento o el avance, ya sea por la fuerza física o moral.

Cada día de tu vida, con cada elección que haces, estás creando hábitos, construyendo memoria muscular, haciendo cosas una y otra vez y mejorando en ellas. Si practicas cosas difíciles, con el tiempo se vuelven más fáciles para ti. Si te dedicas a practicar el remo o el piano o a escribir programas de computadora, mejoraras esas habilidades. Si practicas el arte de escuchar a los demás cuando te hablan, lo cual por cierto es extremadamente difícil, mejoraras en ello.

Por otro lado, si "practicas" cosas dañinas, también te vuelves bastante "bueno" en ellas, y te impactan negativamente al volverse habituales y con el tiempo degradarte. Debes practicar un hábito diario de autocontrol para ser el jefe de tus deseos. Reserva un tiempo tranquilo para reflexionar sobre cómo manejas las cosas que te suceden día a día y cómo puedes hacerlo mejor mañana. Cuando te desafían, esa es una gran oportunidad para usar esa poderosa arma de la oración y pedirle al Guerrero Victorioso, Jesús, que te ayude.

En los próximos tres capítulos, nos centraremos en esas tres áreas que mencionamos: las redes sociales, el sexo, las drogas y el alcohol, y también hablaremos sobre las formas de ser el jefe de tus deseos en esas áreas.

Ten la seguridad de que, con la ayuda de Dios y tu mentalidad de guerrero, puedes ser victorioso incluso sobre los desafíos más difíciles.

Algunas preguntas para ti:

1. Habla sobre una ocasión en la que fuiste el jefe de tus deseos.

2. ¿Alguna vez has experimentado cómo practicar algo te hace mejor en ello?

3. ¿Alguna vez has notado lo fácil que es usar mal las cosas que están destinadas a ser buenas para ti?

Notas:

11 · El Río Furioso

Guau. Internet es una locura. Anoche, me senté con mi dispositivo y me encontré con un video de carreras de hámsteres con trajes de carreras de Fórmula Uno. Luego, mientras me desplazaba, vi dónde un tipo se estaba haciendo un escáner cerebral y descubrió que tenía un gemelo dentro de su cabeza. ¿En serio? Luego, algunos buzos de aguas profundas estaban sacando extraterrestres de un submarino hundido. Luego, un inodoro cantaba "Here Comes Santa Claus". Luego, un títere hecho de un pez real. Luego, estofado de unicornio. Luego, esqueletos. Luego, blando. Luego, luego, luego, luego…

Fue entonces cuando me di cuenta de que estaba navegando sin rumbo, y las horas se me habían escapado, para no volver a verse nunca más. Sentí como si me hubieran arrastrado por un río furioso a un lugar lejano, y mis pies no podían encontrar ningún terreno sólido sobre el que pararse. Acababa de regalar preciosas horas de mi vida, y no tenía nada que mostrar por ellas. Ese río de internet estaba tratando de ahogarme, y casi lo logró.

A veces parece que todo el mundo se ha convertido en un río furioso de imágenes que parpadean en nuestros dispositivos. No podemos apartar la vista de la cascada de luces brillantes. Cada publicación es lo más importante del mundo por un microsegundo, y luego se va y algo más es lo más importante del mundo, por un microsegundo. Así que nada es importante de forma duradera, y empezamos a desear cualquier cosa solo porque es nueva. Al final, nos quedamos vacíos y sentados solos con nuestros dispositivos frente a nuestras caras, deseando la próxima novedad. Y mientras tanto, la vida se precipita río abajo por los rápidos.

¿Vives en el río loco y furioso de las redes sociales? Podría ser YouTube o videojuegos, realidad virtual, redes sociales o cualquier otro río furioso de ruido sin sentido. ¿Alguna vez sientes que no hay terreno firme sobre el que pararte? ¿Alguna vez esto hace que tu vida se sienta vacía? ¿Alguna vez te preguntas si hay algo más en tu vida que los snapchats, los me gusta, y los videos cortos, los tik-toks y los tumbles?

> **Pero cualquier verdad que haya que encontrar en el río furioso está nadando en una sopa de mentiras que algún influencer dijo en alguna plataforma en algún lugar.**

El río furioso no sabe lo bueno de lo malo, o lo correcto de lo incorrecto. No te conoce ni se preocupa por ti. Solo le importa que mantenerte entretenido por unos segundos más. Lo siguiente que sabes es que han pasado horas y tienes que pasar por un proceso de reingreso a la realidad como un astronauta que regresa del espacio exterior. Estas actividades sin sentido pueden ser un lugar donde el enemigo te tentará para tirar tu vida a la basura.

Mentiras Ruidosas

El ruido de ese río furioso puede ahogar la voz de tu brújula moral dada por Dios; este es uno de sus peligros. Para escuchar el sonido de la voz guía de Dios, debes silenciar todas las distracciones, tomar un momento y escuchar.

Podrías pensar que vas a encontrar respuestas a las grandes preguntas sobre la vida en ese río furioso. Pero cualquier verdad que haya que encontrar en el río furioso, está nadando en una sopa de mentiras que algún influencer dijo, en alguna plataforma en algún lugar. Es difícil distinguir la verdad de las mentiras.

Un ejemplo de mentiras que se apoderan de las redes sociales es la mentira de que puedes haber nacido en el cuerpo equivocado y que tu género se basa en tus sentimientos en lugar de los hechos de tus cromosomas. Los adolescentes que sufren confusión sobre quiénes son mientras pasan por la pubertad, son objetivos perfectos para quienes impulsan esta noción ridícula. La solución que se vende en las redes sociales es que los niños se corten sus partes de niño perfectamente buenas y "se conviertan en niñas". Por otro lado, que las niñas se corten sus partes de niña perfectamente saludables y "se conviertan en niños".

Este es un ejemplo perfecto de la Gran Batalla y cómo el enemigo está tratando de destruirte. Todos los jóvenes pasan naturalmente por una etapa de torpeza temporal a medida que crecen en sus años de adolescencia, y dañar tu cuerpo quirúrgica y químicamente para pretender que eres algo que no eres, *solo empeora las cosas*. Esa no es la forma en que sigues tu código para amar la verdad.

Con el tiempo a medida que madures, naturalmente superarás esos sentimientos incómodos sobre tu cuerpo y aceptarás quién eres. Todos pasan por eso. Y solo porque seas una chica tipo "tomboy", o un chico que es gentil por naturaleza, o sientas alguna atracción por el mismo sexo, no significa que seas gay o trans. En poco tiempo, verás las cosas de manera diferente. Estás creciendo y cambiando constantemente, y tus hormonas a tu edad están recorriendo tu cuerpo, afectando tus sentimientos. Así que respira hondo y relájate.

Cada vez más personas trans están saliendo adelante, hablando sobre su arrepentimiento por haber caído en esa mentira. Están contando la trágica verdad sobre su dolor, sus problemas de salud de por vida por tomar hormonas y someterse a cirugía para cambiar sus cuerpos, y su anhelo por cosas que no pueden recuperar. Algunos están demandando a los médicos y terapeutas irresponsables que los manipularon para que tomaran decisiones tan desastrosas.

Muchos de ellos se preguntan por qué ningún adulto se acercó a advertirles. Esa es una de las razones por las que te estamos hablando de esto ahora.

No hay vuelta atrásdespués de tomar la decisión de transicionar. Niños y niñas quedan permanentemente marcados, bajo el cuidado de los médicos y dependientes de los medicamentos,, sin haber experimentado nunca lo que significa ser un hombre o una mujer adulto en su cuerpo natural. No caigas en esta mentira del enemigo.

> *Hoy, las investigaciones muestran que la mayoría de las personas que hacen la transición fueron persuadidas a hacerlo en línea a través de las redes sociales, los blogs y YouTube..... Las intervenciones químicas y quirúrgicas utilizadas para la transición de género causan problemas de salud como enfermedades cardiovasculares, reducción de la densidad ósea y, en última instancia, esterilización.Ni siquiera mejoran la salud mental a largo plazo: Las personas que se someten a una transición quirúrgica tienen 19 veces más probabilidades de suicidarse que sus compañeros.[1]*

---

1. Jared Eckert and Mary McClosky, "How Big Tech Turns Kids Trans," The Heritage Foundation, September 15, 2022, heritage.org/gender/commentary/how-big-tech-turns-kids-trans; "En el estudio, las personas con disforia de género que alguna vez habían usado reemplazos hormonales vieron casi siete veces más riesgo de accidente cerebrovascular isquémico (un bloqueo en un vaso que suministra sangre al cerebro), casi seis veces más riesgo de infarto de miocardio con elevación del ST (el tipo más grave de ataque cardíaco) y casi cinco veces más riesgo de embolia pulmonar (un bloqueo en una arteria del pulmón), en comparación con las personas con disforia de género que nunca habían usado reemplazos hormonales". Katie Glenn, "Hormone Therapy for Gender Dysphoria May Raise Cardiovascular Risks," American College of Cardiology, Feb 23, 2023, acc.org/About-ACC/Press-Releases/2023/02/22/20/29/Hormone-Therapy-for-Gender-Dysphoria-May-Raise-Cardiovascular-Risks.

Más y Más Mentiras

> **La razón por la que la adicción es un problema particular para los adolescentes es que sus cerebros todavía se están desarrollando y son fácilmente atrapados por la adicción, mucho más fácilmente que los adultos.**

Otro peligro que se encuentra en el río furioso es que la gente a veces no es quien dice ser. Tal vez hayas oído historias de chicas jóvenes que son atraídas a relaciones en las redes sociales, solo para descubrir que su "novio de quince años" resulta ser un libertino de cincuenta años que quiere atraerlas lejos de la seguridad de su hogar. Siempre ten tus antenas levantadas buscando pistas para identificar a aquellos con malas intenciones. Prevenir es curar en esta batalla.

Las relaciones saludables son más propensas a encontrarse en persona, cara a cara, donde puedes ver a la persona que estás conociendo. Puedes evaluar su carácter, si son peligrosos o confiables. Puedes leer su lenguaje corporal. Puedes salir y comer hamburguesas, dar un paseo y conocer a su familia.

Otro peligro es que a medida que consumes más y más redes sociales, puedes volverte adicto a ese río furioso. La razón por la que la adicción es un problema particular para los adolescentes es que sus cerebros todavía se están desarrollando y son fácilmente atrapados por la adicción, mucho más fácilmente que los adultos. Además, es más difícil romper las adicciones que se inician cuando eres joven. La adicción en un área conducirá a la adicción en otras áreas.

¿Sabías que muchos magnates de la tecnología ni siquiera permiten que sus propios hijos usen las redes sociales? Esto se debe a que conocen sus peligros. Tal vez la opción inteligente es seguir su ejemplo.

Entonces, preguntamos, ¿quién será el jefe cuando se trata de las redes sociales? Los guerreros espirituales trabajan para ser los amos de sus deseos.

Estar en control de tus deseos es tomar tu lugar como jefe. ¿Cuáles son algunas buenas elecciones que puedes hacer con respecto a las redes sociales?

- **Deja el dispositivo.**

- **. Haz de la actividad física una prioridad.**

- **Observa cómo te sientes después de pasar tiempo en las redes sociales. ¿Te hace sentir deprimido? ¿Autocrítico? ¿Envidioso de los demás? No dejes que el enemigo use las redes sociales para definir tu identidad. El amor de Dios por ti es la fuente de tu identidad.**

- **Establece límites en el tiempo que pasas en las redes sociales.**

- **Haz distinciones claras entre el uso necesario de tus dispositivos y el río furioso.**

- **Mantén tus dispositivos en un área pública de tu casa para que no te tientes a ir a sitios web malos.**

- **Encuentra actividades para reemplazar el río furioso, como caminatas en la naturaleza, manualidades, malabares, poesía, aprender un idioma, deportes o juegos.**

- **Considera la posibilidad de alejarte por completo de las redes sociales.**

- **Encuentra un libro real. Sostenlo en tus manos. Ábrelo. Huélelo. Léelo. Desactiva algunas de tus notificaciones. Haz amigos con personas reales. Toma tu Biblia y léela.**

- **Desactiva algunas de tus notificaciones.**

- **Haz amigos con personas reales.**

- **Toma tu Biblia y léela. Está llena de verdad, no de mentiras.**

Hay una vida para ti fuera del río furioso, y cuanto más te alejes del ruido, más aprenderás a valorar la vida real. Eso es parte de lo que significa amar la verdad: saber la diferencia entre las luces parpadeantes en una pantalla y la realidad.

Tu vida es preciosa, tiene un propósito y no debe desperdiciarse. Te sorprenderá lo bien que te hará sentir pasar un tiempo en la realidad. Aquí, déjame ayudarte a salir de ese río. Toma mi mano. Aquí tienes una toalla.

Algunas preguntas para ti:

1. ¿Cómo puede el amor por la verdad que se encuentra en tu código ayudarte a ser el jefe en el área de las redes sociales?

2. ¿Cómo puede la búsqueda de la excelencia que se encuentra en tu código ayudarte a ser el jefe en el área de las redes sociales?

3. ¿Cómo puede el servicio a los demás que se encuentra en tu código ayudarte a ser el jefe en el área de las redes sociales?

Notas:

12 • Poniéndose Personal

Ahora, el tema difícil del sexo. Es un tema muy personal, sin embargo, la gente habla mucho de él. Pero cuando la gente habla de sexo, generalmente no incluyen la parte más importante: lo que Dios quiso para él. Necesitamos hablar de ello porque si aprendes sobre el sexo de internet u otras fuentes poco fiables, tendrás una visión distorsionada. Necesitamos hablar de ello porque si eres un guerrero espiritual comprometido con apuntar hacia el bien, esta es un área donde *realmente importa* que seas el jefe de tus deseos.

¿Qué Es el Sexo?

¿Qué es el sexo, en realidad? Quizás hayas notado que a tu alrededor, el mundo está lleno de criaturas, y hay un suministro interminable de ellas. Esto es por diseño de Dios. Él quiere llenar la tierra con una abundancia de su creación. Lo hace dando a los hombres y las mujeres una atracción mutua. Dios hizo que el sexo fuera placentero para que los animales y los humanos se reprodujeran y disfrutaran de estar juntos en la cercanía.

En el caso de los humanos, esta cercanía adquiere un valor aún más importante: el amor. Cuando dos humanos tienen sexo, se unen en el amor. Una relación a largo plazo en la que el hombre y la mujer están comprometidos el uno con el otro, esto hace posible criar hijos y trabajar juntos como un equipo, es decir, como una familia.

 Dios quiso que el sexo entre un hombre y una mujer tuviera lugar solo dentro del contexto de un matrimonio comprometido. La Biblia lo deja claro, y la investigación confirma que el proceso de mapeo cerebral que une a dos durante el sexo cambia con cada pareja adicional. Cuando las personas tienen muchas parejas, son cada vez menos capaces de formar relaciones duraderas y unidas.

Además de crear más humanos, el sexo es la forma de Dios para que un esposo y una esposa se acerquen más en su relación matrimonial especial. Es una forma de demostrarse amor y traer deleite, alegría y satisfacción el uno al otro. Durante los momentos de intimidad física, el esposo y la esposa construyen confianza, intimidad, juego gentil y cuidado. Su unión física es un tesoro para compartir solo entre los dos.

La intimidad física entre el hombre y la mujer también es la forma en que se hacen los bebés, convirtiendo a los esposos en padres, a las esposas en madres y a dos en una familia. Como padre, el esposo crece como hombre: protegiendo, proveyendo y guiando a su familia. Como madre, la esposa crece como mujer: construyendo un hogar, nutriendo a los pequeños y transmitiendo significado a la próxima generación. Estas son tareas extremadamente importantes, ya que las familias saludables son la base de una sociedad saludable.[1] Puedes ver que el sexo en su lugar adecuado afecta al mundo entero.

Pisoteando lo Sagrado

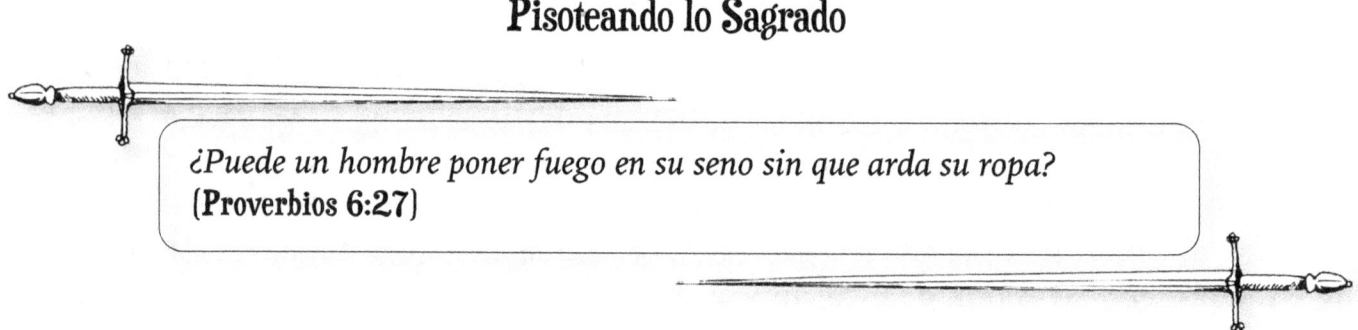

¿Puede un hombre poner fuego en su seno sin que arda su ropa?
(Proverbios 6:27)

---

1. No todos se convierten en padres, y aquellos que no lo hacen no son menos valiosos. Pero incluso aquellos que no se convierten en padres encuentran formas de mostrar sus naturalezas maternales y paternales intrínsecas, por ejemplo, como tíos y tías queridos, amantes de las mascotas, maestros, entrenadores y mentores.

> # Para Dios, la unión entre un marido y una mujer es sagrada.

El sexo no es algo con lo que se deba jugar. Es como el fuego. En la chimenea (en un matrimonio amoroso), el fuego es algo bueno. Calienta la casa. Pero cuando ese fuego se derrama de la chimenea (fuera del matrimonio y con múltiples parejas), se vuelve peligroso. Toda la casa puede incendiarse.

Para Dios, la unión entre un marido y una mujer es sagrada. Está destinada a simbolizar la relación especial e íntima entre Jesús y aquellos que creen en él. Dios incluso imagina el gran día en que su reino llegue plenamente como un banquete de bodas. Jesucristo es el novio, y los creyentes que siguen a Jesucristo (hombres y mujeres por igual) son considerados su novia.

Por lo tanto, cualquier tipo de sexo que no encaje en esa imagen sagrada del matrimonio entre Jesús y su novia (los seguidores de Jesús), es una distorsión de los propósitos de Dios para el sexo. Entonces, lo que Dios quiso para bien se vuelve dañino. Cuando el sexo ocurre fuera del marco protector del matrimonio que Dios diseñó para ella, se abarata. Es como tomar un cuenco hecho de oro puro y usarlo como un orinal.[2] El sexo se abarata aún más al saltar de una pareja a otra, sin una conexión duradera y significativa con ninguna de ellas.

Otros ejemplos de distorsión de los propósitos de Dios para el sexo, incluyen ver fotos y videos inapropiados y darse placer a uno mismo. Ambos pueden ser extremadamente adictivos. Crean expectativas distorsionadas e irreales sobre cómo se ve el sexo y para qué sirve.

Cuando el sexo se practica fuera del diseño de Dios, sin darte cuenta, este regalo sagrado

> **Sagrado:** Santo; perteneciente a Dios o a su culto; separado de los usos seculares comunes y consagrado a Dios y a su servicio.

2. En los viejos tiempos, antes de los inodoros con descarga, la gente usaba orinales (ollas en la habitación de su cama) como inodoros.

se reduce a un acto vacío y sin sentido. No muy lejos de este camino encontramos relaciones rotas, divorcio, traición, decepción, baja autoestima y vergüenza. Este no es el camino hacia relaciones sanas, uno a uno, que conducen al matrimonio y la formación de una familia. Así como las familias saludables significan una sociedad saludable, la descomposición de la familia lleva a más delincuencia, niños sin padres, enfermedades de transmisión sexual, adicción, enfermedad mental y otros problemas sociales. Estos males son señales de que el maligno está ganando terreno en la Gran Batalla. El enemigo de Dios toma lo que es sagrado para Dios y lo pervierte.

Dejar que tus deseos sean el jefe en el área del sexo te hace vivir en la oscuridad del secreto y en el pecado oculto. Terminas sintiéndote como si estuvieras viviendo una mentira, ya que puedes parecer bien por fuera, pero por dentro estás en las garras de la vergüenza.

Otra de las víctimas del sexo fuera del matrimonio es que los bebés que vienen de esas uniones impías a menudo son destruidos a través del aborto. Esto no solo se lleva la vida de un ser humano en desarrollo con un corazón latiendo, sino que es un trauma que puede dejar cicatrices de por vida en la madre y el padre que toman esa terrible decisión.

> **Nuestro verdadero valor se encuentra en el amor que Dios tiene por nosotros, no en los deseos fugaces y momentáneos de los demás.**

Llenar un Vacío

A veces las personas se vuelven íntimas físicamente porque anhelan hacer conexiones que las llenen y alivien su soledad. Pero hay muchas maneras maravillosas y saludables de conectarse con otros además del sexo, y las otras formas no tienen todos los peligros que conlleva la intimidad física. La verdadera compañía y la amistad pueden sanar la soledad de una manera que el sexo no puede. Algunos se vuelven íntimos físicamente porque ser deseados sexualmente les hace sentir que tienen valor. Pero nuestro verdadero valor se encuentra en el amor que Dios tiene por nosotros, no en los deseos fugaces y momentáneos de los demás.

También descubrirás que cultivar tu relación con Jesús estudiando la Biblia, preferiblemente en un hogar de iglesia con personas de tu edad que aman a Jesús, puede sanar la soledad de una manera que nada más puede.

Entonces, ¿quién va a ser el jefe de tu sexualidad? De nuevo, todo se trata de controlar tus deseos. Tus impulsos sexuales son parte de quién eres y parte de ser atractivo y sentir atracción por otros. Tu deseo de estar con una pareja amorosa es natural. Pero es importante que esperes para obtener lo mejor de lo que Dios tiene para ti en su diseño para el sexo dentro del matrimonio.

¿Qué puedes hacer para ser el jefe en el área de tus deseos sexuales?

- Establece límites claros, cúmplelos y asegúrate de que tu novio o novia conozca tus límites y los respete.

- Mantente alejado de situaciones que puedan desencadenarte o debilitarte, como fiestas, tomar drogas, beber o estar solo con alguien del sexo opuesto.

- Mantén el cargador de tu teléfono en un lugar público de tu casa y **NUNCA** te lleves el teléfono a la cama por la noche.

- No permitas que nadie te presione o te intimide para que hagas cosas que no debes hacer. Busca ayuda si te están presionando o intimidando. Esto no está bien.

- ¿Hay alguien en quien confías con quien puedas hablar? Es útil ser responsable ante alguien en quien confías.

- Derrama tu corazón a Jesús. Él siempre está dispuesto a escucharte y sabe por lo que estás pasando.

> *Pues por cuanto Él mismo fue tentado en el sufrimiento, es poderoso para socorrer a los que son tentados.* (Hebreos 2:18)

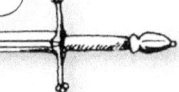

Algunas preguntas para ti:

1. ¿Cómo puede el amor a la verdad que se encuentra en tu código ayudarte a ser el jefe en el área de la intimidad física?

2. ¿Cómo puede la búsqueda de la excelencia que se encuentra en tu código ayudarte a ser el jefe en el área de la intimidad física?

3. ¿Cómo puede el servicio a los demás que se encuentra en tu código ayudarte a ser el jefe en el área de la intimidad física?

Notas:

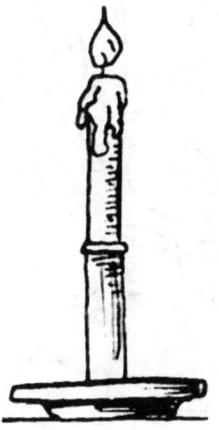

13 • Alteración Mental

El último de nuestros temas desafiantes son las drogas y el alcohol. Las drogas y el alcohol para los humanos actúan como un gusano tentador para un pez. Ofrecen una promesa atractiva de placer, pero cuidado, como el gusano, ese placer tiene un anzuelo. No seas el pez tonto que se engancha en ese anzuelo.

Puedes ver personas que parecen divertirse emborrachándose y drogándose y viviendo la vida de fiesta. Pero mira a dónde lleva eso. Las drogas y el alcohol cambian tu cerebro de una manera que hace que dejar de consumir sea muy difícil y lleva a una dependencia adictiva. Cuando eres adicto, lo único que te importa es obtener más drogas o alcohol en tu sistema, y pronto, nada más importa. Aquí es donde el enemigo gana la batalla al separarte de la realidad y de las actividades útiles. Tu vida se centra en simplemente drogarte. Echa un vistazo a muchas calles de la ciudad y observa a las personas desperdiciadas que se desploman en las esquinas o deambulan buscando su próxima dosis. Es un callejón sin salida, y es muy triste. Esta no es la imagen de un guerrero en el ejército del Guerrero Victorioso, Jesús.

¿Vale la Pena el Riesgo?

Cuando consumes drogas y alcohol, corres riesgos en muchas áreas de tu vida. Empecemos por la escuela. Muchos de los que comienzan a consumir drogas cuando son jóvenes pierden la motivación para sobresalir en la escuela. Los estudios demuestran que los estudiantes que se drogan obtienen peores calificaciones.[1] Las drogas destruyen las partes del cerebro que deberían estar expandiéndose y aprendiendo a tu edad. El cerebro humano no deja de desarrollarse hasta que alcanzas los veinticinco años más o menos. Tienes mucho crecimiento importante que hacer ahora.

Las personas que beben y consumen drogas también corren el riesgo de dañar su salud física. Pueden contraer VIH, hepatitis, enfermedades cardíacas, cáncer, derrame cerebral y enfermedades de transmisión sexual. Sus sistemas inmunitarios se debilitan, haciéndolos vulnerables a otras enfermedades.

Incluso corren el riesgo de morir.

> *El fentanilo, que es aproximadamente 50 veces más potente que la heroína, es casi totalmente responsable del aumento de las muertes por sobredosis en jóvenes en California, donde estos incidentes eran antes más raros que en el resto del país… Algunos jóvenes compran pastillas a traficantes a través de las redes sociales pensando que son oxicodona, Xanax o Adderall puros, pero cada vez más, están mezclados con fentanilo. Otros ingieren la droga a sabiendas, tratándose de un riesgo enorme, considerando que solo 2 miligramos pueden acabar con la vida de una persona.[2]*

Si crees que estás a salvo "solo fumando marihuana", no te engañes. La marihuana puede causar mucho daño. Y ten cuidado porque los traficantes de drogas

¡No hay droga segura!

ahora están poniendo fentanilo y otras sustancias extremadamente poderosas y mortales en la marihuana para aumentar el efecto. Una sola dosis podría significar el final para ti. *¡No hay droga segura!*

---

1. "Making the Connection: Drug Use and Academic Grades," U.S. Department of Health and Human Services, cdc.gov/healthyyouth/health_and_academics/pdf/DASHFactSheetDrugUse.pdf.

2. Blake Jones, "Teen Overdose Deaths Lead California Schools to Stock Reversal drug," *Politico*, February 5, 2023, politico.com/news/2023/02/05/teen-overdose-deaths-california-schools-narcan-00081186.

También corres el riesgo de dañar tu salud mental. Aquí hay una lista de posibles efectos en tu salud mental por el consumo de drogas y alcohol:

- Necesitar tomar más para obtener el mismo efecto

- Sentir que debes usarlo

- Síntomas de abstinencia cuando no lo usas, incluyendo sentirte enfermo, frío, sudoroso o tembloroso

- Cambios repentinos de humor

- Una perspectiva negativa de la vida

- Ansiedad

- Ser reservado y engañoso para encubrir lo que estás haciendo

- Psicosis inducida por drogas[3]

Incluso podrías arriesgarte a tener pensamientos suicidas.

El uso de drogas y alcohol puede hacer que toda tu vida se descontrole, porque cuando estás drogado es más probable que uses un juicio deficiente y hagas cosas de las que te arrepentirás más tarde, como por ejemplo: tener relaciones sexuales, peleas de borrachos y cometer delitos mientras manejas (DUI[4]). Cuando te bajes de esa

> **Cuando te bajes de esa euforia, es posible que también tengas un gran lío que limpiar.**

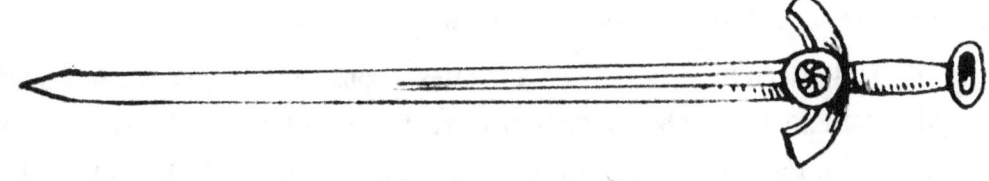

---

3. "Drugs, Alcohol & Mental Health," Rethink Mental Illness, accessed February 9, 2023, rethink.org/advice-and-information/about-mental-illness/learn-more-about-conditions/drugs-alcohol-and-mental-health/.

4. DUI significa "conducir bajo los efectos del alcohol o las drogas", y también significa perder la licencia de conducir.

euforia, es posible que también tengas un gran lío que limpiar que involucre a amigos, familiares o la ley.

Las personas que viven así también envejecen rápidamente, volviéndose obtuso, improductivo y maloliente. Los problemas los siguen a dondequiera que van. Tienen dificultades para alcanzar sus objetivos porque han gastado toda su energía persiguiendo fantasmas. Y en sus momentos de soledad, se quedan con resaca, deprimidos, perdidos, solos y buscando un significado. Descubren que sus amigos no son muy confiables y no tienen en cuenta sus intereses porque han ido en busca de su propio éxito.

Algunas personas se emborrachan o se drogan para escapar de sus problemas. Suben a la cima de la montaña, y luego bajan de la montaña, y ¿adivina qué? Sus problemas todavía están ahí esperándolos. Estas actividades no son las de un guerrero espiritual.

No Empieces

¿Cómo puedes evitar engancharte en las drogas y al alcohol? La mejor manera es no empezar. Cuando tus amigos te presionen para que te unas a ellos, tal vez sea el momento de encontrar un nuevo grupo de amigos. Aquí tienes algunas ideas para ayudarte, a ti, un guerrero espiritual, para evitar la trampa del mal de las drogas y el alcohol. ¿Cómo puedes ser el jefe en esta área?

- **Rodéate de amigos saludables que no consuman drogas ni alcohol y que estén progresando en la vida.**

- **Involúcrate en actividades saludables como los deportes, los pasatiempos, clases que te gusten, aprender cosas nuevas y estar al aire libre.**

- **Aprende a lidiar con tus sentimientos difíciles. Todos los tenemos. Enterrarlos no hará que desaparezcan. Habla con alguien de confianza, busca un mentor, lleva un diario o habla con un consejero. A menudo, estos sentimientos difíciles simplemente pasarán con el tiempo.**

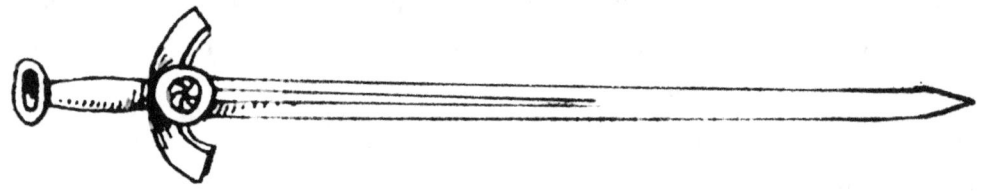

- No permitas que te presionen para hacer cosas que no son buenas para ti. Sé tu propia persona.

- Establece una vida de oración diaria, para que puedas escuchar la voz de Dios guiándote a través de los momentos difíciles de la vida. Busca su sabiduría para ti a través de la lectura de la Biblia y llámale en tus momentos de debilidad. Él te escuchará.

- Aquí tienes un versículo bíblico para que reflexiones y ores:

> *Todas las cosas me son lícitas, pero no todas son de provecho. Todas las cosas me son lícitas, pero yo no me dejaré dominar por ninguna.*
> (1 Corintios 6:12)

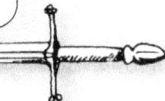

Algunas preguntas para ti:

1. ¿Cómo puede el amor a la verdad que se encuentra en tu código ayudarte a ser el jefe en el área de las drogas y el alcohol?

2. ¿Cómo puede la búsqueda de la excelencia que se encuentra en tu código ayudarte a ser el jefe en el área de las drogas y el alcohol?

3. ¿Cómo puede el servicio a los demás que se encuentra en tu código ayudarte a ser el jefe en el área de las drogas y el alcohol?

Notas:

14 • Entonces, ¿Vas a Ser el Jefe?

El camión de comida de Oscar está justo al final de la calle. Tal vez debería haber tomado una pista cuando escuché a alguien llamarla "Entrenador de Cucarachas". De todos modos, mi curiosidad fue más fuerte que yo, y ahora estoy aquí para advertirte con mi historia de dolor: comí en el camión de Oscar anoche, y cuando llegué a casa, casi vomito. Estuve toda la noche sobre el inodoro, temblando con sudores fríos, como si dragones llameantes se comieran mi vientre. ¡Hagas lo que hagas, *NO comas en el camión de Oscar!*

Bueno, esa es mi historia. Ahora que la has oído, ¿qué hay de ti? ¿Vas a ir a comer al camión de Oscar? Tal vez seas el tipo de persona que necesita descubrirlo por sí mismo. Puedes insistir: "¡Pero escuché que la comida de Oscar es barata y las porciones son enormes!"

O, después de escuchar mi historia, puedes gruñir: "¡Nadie me dice qué hacer! Comeré lo que quiera, donde quiera. De hecho, solo porque me dijiste que no, ¡me dirijo al camión de Oscar ahora mismo!"

Pero tal vez, en cambio, dirás: "Puedo aprender de la experiencia de esa persona, especialmente cuando podría terminar muy mal para mí". Elegirás mantenerte lo más lejos posible de esa comida, ahorrándote así esa gran molestia.

Una Persona Inteligente y una Persona Sabia

Esta es la diferencia entre una *persona inteligente* y una *persona sabia*: una persona inteligente puede tomar malas decisiones, pero aprende de sus errores y no los repite. Eso es genial, debes aprender de tus malas decisiones.

Pero incluso mejor que una persona inteligente es la que aprende de las malas decisiones *de otras personas*. Esto es lo que se llama una persona sabia. Una persona sabia observará las malas decisiones de otras personas y verá las consecuencias. Esto le permitirá a esa persona pensar antes de actuar para tomar la mejor decisión.

Ni siquiera hablaremos de las personas tontas, aquellas que ni siquiera aprenden de sus propias malas decisiones. Algunos irán al "Entrenador de Cucarachas de Oscar" y pedirán el *Especial de 'Tomaínas*[1] del martes una y otra vez.

> **Pueden evitarse muchos problemas y dolores de cabeza en las áreas de las redes sociales, la intimidad física y las drogas y el alcohol prestando atención a las advertencias que acaban de leer.**

Sé el Jefe

Tal vez algunos de ustedes que leen este libro reconozcan las advertencias presentadas aquí y quieran evitar tomar malas decisiones. Tal vez se convenzan por los errores de otros, de que es sabio tomar decisiones por sí mismos que conduzcan a buenos resultados. Algunas decisiones que tomen tendrán consecuencias de por vida, ¡así que presten atención! Pueden evitarse muchos problemas y dolores de cabeza en las áreas de las redes sociales, la intimidad física, las drogas y el alcohol, prestando atención a las advertencias que acaban de leer. En otras palabras, ¡NO coman en el camión de Oscar!

---

1. *La ptomaínas* es una bacteria muy peligrosa que te enferma *mucho, mucho*. ¡Créeme, no quieres el Especial 'Tomaínas!

Hemos analizado tres áreas particularmente peligrosas donde la adicción y el deseo malsano pueden desafiar la mentalidad de su guerrero. Sin embargo, hay muchos peligros que no hemos discutido aquí que son igualmente destructivos. Por nombrar algunos, están la brujería y lo oculto, el odio y la falta de perdón, el orgullo, la envidia, la idolatría de cualquier cosa en lugar de Dios y la ira. Según la Biblia, muchos de estos comportamientos erróneos nos llevan hacia la muerte y la destrucción, y nos alejan del bien:

Ahora bien, las obras de la carne son evidentes, las cuales son:

- inmoralidad,
- impureza,
- sensualidad,
- idolatría,
- hechicería,
- enemistades,
- pleitos,
- celos,
- enojos, rivalidades, disensiones, sectarismos,
- envidias,
- borracheras,
- orgías,

y cosas semejantes, contra las cuales os advierto, como ya os lo he dicho antes, que los que practican tales cosas no heredarán el reino de Dios. (Gálatas 5:19-21)

Si tu destino es el reino de Dios, estas cosas te desviarán del camino. De hecho, te llevarán en la dirección opuesta a donde quieres terminar, que es

> **Para ser un guerrero eficaz que apunta hacia el bien, necesitas tener tu cuerpo sano, tu mente clara y tu espíritu sintonizado con Jesús.**

exactamente donde el enemigo de Dios quiere que estés. Es como ir al Polo Norte por la Antártida.

Para ser un guerrero eficaz que apunta hacia el bien, necesitas tener tu cuerpo sano, tu mente clara y tu espíritu sintonizado con Jesús. Así es como podrás tomar buenas decisiones para obtener los mejores resultados. A medida que crezcas, verás que tu posición en la vida es el resultado de las decisiones que has tomado en el camino. Elegir ser el jefe de tus deseos significa que tú y no los deseos, serás quien tenga el control, sin importar cómo puedan surgir estos deseos en ti. Con la ayuda de Jesús, puedes ser victorioso.

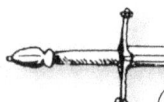

No permitas que nadie menosprecie tu juventud; antes, sé ejemplo de los creyentes en palabra, conducta, amor, fe y pureza. **(1 Timoteo 4:12)**

Pero ¿qué pasa cuando fallas? Responderemos esa pregunta en el próximo capítulo.

Algunas preguntas para ti:

1. Habla sobre una ocasión en la que ignoraste una advertencia y pagaste el precio por ello.

2. Habla sobre una ocasión en la que aprendiste observando los errores cometidos por otros.

3. Nombra un área de tu vida en la que necesitas trabajar para convertirte en el jefe.

Notas:

15 • ¿Qué Pasa Cuando Fallas?

Con cada paso que das en el camino del guerrero, te acercas a tu objetivo de convertirte en el guerrero que el Guerrero Victorioso, Jesús, te llama a ser. Este es un proceso de toda la vida. Recuerda que practicar buenos hábitos te ayuda a desarrollar la memoria muscular para que esos hábitos sean cada vez más fáciles de mantener. Pero a veces el camino se pierde entre las zarzas y las rocas. En la Gran Batalla, el enemigo aprovechará cualquier oportunidad para intentar hacerte tropezar.

Entonces, ¿qué pasa cuando tropiezas? Si descubres que te has salido del camino del guerrero y has cedido a deseos poco saludables, no es demasiado tarde para dar la vuelta. Nunca es demasiado tarde, sin importar cuántas veces tropiece. Detente donde estás, haz un balance y debes saber que puedes volver a la senda sin importar el por qué.

Es muy importante recordar que solo hay un guerrero perfecto, y ese es el Guerrero Victorioso, Jesús. Todos los demás nos desviamos del camino a medida que vivimos. Es solo parte de ser humano. Todos nos salimos del camino en algún momento.

El Ejemplo de Jonás

Jonás en la Biblia fue uno de los que se salió del camino. Dios tenía una tarea para él, y en lugar de hacer lo que Dios le pidió, Jonás corrió en la otra dirección e intentó alejarse lo más posible de Dios para no tener que hacer lo que se le pedía. Pero Dios no dejaría que Jonás se saliera con la suya. Jonás estaba tratando de escapar en un barco, así que Dios envió un pez enorme para que lo tragara y lo llevara al fondo del mar. Con esa nueva perspectiva desde el interior de la garganta de un pez, Jonás encontró las siguientes palabras. Observa su certeza de que Dios lo sacaría de una situación imposible que él mismo se provocó:

> *En mi angustia clamé al Señor, y Él me respondió. Desde el seno del Seol pedí auxilio, y tú escuchaste mi voz.* (**Jonás 2:2**)

De acuerdo, te tropezaste. No tienes permiso para quedarte abajo. Levántate y vuelve al camino. Cuanto antes hagas ese cambio de rumbo, antes volverás a estar en el asiento del jefe.

Deja que Jesús Sea Tu Fortaleza

Recuerda, no estás solo en esta batalla. Tienes al Guerrero Victorioso a tu lado. Lo primero que debes hacer cuando tropiezas es clamar a ese Guerrero Victorioso, Jesús, y decirle: "¡Ayuda! ¡Estoy atascado!" Puedes clamar a Jesús:

> *Jesús, ves que necesito ayuda. Dejé que mis deseos malsanos fueran mi jefe. Ayúdame a ser un guerrero victorioso como tú. Soy débil y confío en tu fuerza para obtener ayuda. Por favor, sé mi fortaleza.*

Dile a Jesús lo que has hecho y pídele perdón. Pídele que te ayude a dar la vuelta y volver al camino correcto. La victoria de Jesús no te deja en tu fracaso. Él te sacará de las profundidades como lo hizo con Jonás.

Tu siguiente paso es examinarte honestamente y mirar las decisiones que tomaste que te llevaron a tu situación para que puedas aprender de tu error. Que estes dispuesto a asumir la responsabilidad de su parte. Dile esto a Jesús también.

Cada vez que pidas su perdón con un corazón contrito, él te perdonará, incluso si ya has tenido muchas oportunidades. Él quiere ayudarte. Hoy es un nuevo día. Tienes un amigo en Jesús. Sus misericordias son nuevas cada mañana.

Contrito: Con el corazón roto por el pecado; sufrir pena y el dolor por haber ofendido a Dios; humilde.

Pero en todas estas cosas somos más que vencedores por medio de aquel que nos amó. (Romanos 8:37)

Al confiar en la fuerza de Jesús para ayudarte a superar tus fallas, lo estás presentando como la fuente de tu fortaleza. Su fuerza se convierte en una razón para que te jactes de tu debilidad.

Cada día es un nuevo día en la Gran Batalla. Puedes renovar diariamente tu compromiso con tu código de conducta y tu determinación de apuntar hacia el bien. Puedes ponerte diariamente tu armadura espiritual y tomar tu espada, que es la Palabra de Dios. Los fracasos de ayer no tienen que mantenerte deprimido. Hoy, puedes levantarte y asestarle un golpe poderoso en la cabeza a ese malvado. Recuerda, con el Guerrero Victorioso, la batalla se puede ganar.

Para ser ayudado en tu vida diaria, considera unir fuerzas con otros que están en el mismo camino del guerrero que tú. Los guerreros compañeros que

> Los fracasos de ayer no tienen que mantenerte deprimido. Hoy, puedes levantarte y asestarle un golpe poderoso en la cabeza a ese malvado.

trabajan juntos pueden ser responsables el uno del otro. Pueden ayudarse mutuamente cuando uno de ustedes cae. Pueden impulsarse mutuamente, ofrecer compasión y motivarse mutuamente. Encuentra guerreros compañeros.

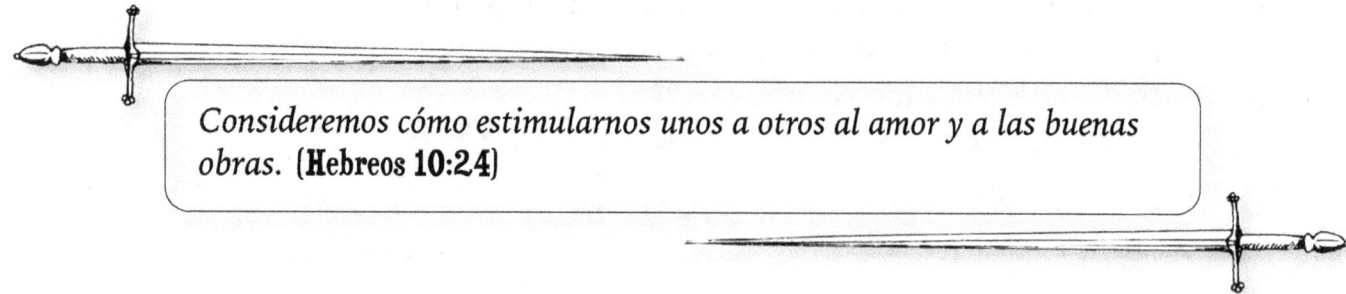

Consideremos cómo estimularnos unos a otros al amor y a las buenas obras. (Hebreos 10:24)

Encontrar una iglesia que se centre en los jóvenes es una buena manera de unirse a otros que están en el camino del guerrero.

Pasos Prácticos

Revisemos estos pasos que puedes tomar si te sales del camino del guerrero:

- Llama a Jesús en busca de ayuda.
- Dile a Jesús lo que has hecho y pídele que te perdone.
- Examínate a ti mismo para aprender de tu error. Asume la responsabilidad de tu parte.
- Renuncia al mal comportamiento.
- Confía en la fuerza de Jesús.
- Renueva tu compromiso con el camino del guerrero.
- Únete a otros guerreros como tú.

Algunas preguntas para ti:

1. ¿Cómo cambió la perspectiva de Jonás al estar dentro del vientre de un pez?

2. Cuando tropiezas y te caes, ¿qué puedes hacer para volver al camino del guerrero?

3. Habla sobre una ocasión en la que te hiciste responsable de tus errores.

Notas:

16 • El Resto de la Historia

Es hora de volver a la historia del chico de piernas largas y la chica de pelo rizado. Cuando los dejamos, acababan de sufrir una desgarradora consecuencia de sus malas decisiones y su vida egocéntrica de hacer lo que les placía.

Podrías pensar que aprendieron de su error, pero estarías equivocado. Pensaron que podían volver a vivir como estaban acostumbrados, haciendo lo que les apetecía según sus propias reglas, sin que nadie les dijera qué hacer. Eso es precisamente lo que intentaron hacer.

Como sucedió, en cuestión de meses, la chica de pelo rizado tenía un nuevo bebé creciendo en su vientre. Por muy horrible que fuera esa primera experiencia, no se les ocurrió otra opción que hacer otra cita en una de esas oficinas oscuras y lúgubres para que les quitaran este nuevo bebé. No habían aprendido la lección.

Bueno, Dios estaba a punto de mostrarse al chico de piernas largas y a la chica de pelo rizado una vez más de una nueva manera.

El Tiempo Se Detiene

En esta cita, el chico de piernas largas y la chica de pelo rizado notaron un grupo de personas rezando en silencio afuera, cerca de la entrada. La chica de pelo rizado no entendía qué estaban haciendo allí. Entró, pagó su dinero y se sentó a esperar. Esta vez, se sentó sola. Sus pensamientos se volvieron hacia adentro. Estas palabras de su pasado volvieron a su memoria:

Hay Uno que vela por ti y se preocupa por ti. Él es la fuente de todo lo bueno, y en tu hora más oscura de necesidad, Él te encontrará, te hará suyo y te dará un hogar donde perteneces. Pero asegúrate de resistir al maligno, porque él es el que vive en las sombras. Puedes encontrar orden si amas la verdad, si haces todas las cosas con excelencia y si te entregas a servir a los demás.

> **Dios pareció detener el tiempo y poner un muro de protección a su alrededor para que pudiera sentarse y pensar en lo que estaba haciendo.**

"¿Podría realmente encontrar un hogar donde realmente pertenezca?", se preguntó la niña de pelo rizado. "¿Podría aprender a servir a los demás? Tal vez podría empezar aprendiendo a servir al niño que llevo dentro", pensó. Su determinación creció lentamente mientras pensaba y pensaba.

No se dio cuenta de que había pasado una hora completa desde su hora de cita, pero de alguna manera, nadie vino a buscarla para llevarla a la habitación privada en la parte de atrás. Dios pareció detener el tiempo y poner un muro de protección a su alrededor para que pudiera sentarse y pensar en lo que estaba haciendo.

Fue entonces, en esa triste y pequeña sala de espera, que la niña de pelo rizado decidió: "¡Voy a quedarme con mi hijo!"

Mientras tanto, el chico de piernas largas estaba sentado en la camioneta, esperando que ella saliera. Algo estaba sucediendo dentro de él también. Algunas palabras enterradas durante mucho tiempo volvieron a su memoria:

Dios llevaba el rostro de un hombre, para que pudiéramos mirarlo siempre. Nunca te fallará, sino que te escuchará y te ayudará en tu momento de necesidad. ¡Sin embargo, hay uno que vive en la oscuridad, y su hogar es la casa de la falsedad, y su reino el dominio del infierno! Ama la verdad y aparta tu mente de sus mentiras, y no vaciles entre sus caminos y los caminos de Dios. Hijo mío, nada es fácil. Si quieres realizar tus sueños, debes estar dispuesto a trabajar duro y servir a los demás.

Con esas palabras resonando en su cabeza, en ese preciso momento, el chico de piernas largas decidió que se haría cargo de la chica de pelo rizado y del bebé que llevaba. De repente, su corazón se encendió como una luz brillante. ¿Pero era demasiado tarde?

Con urgencia, corrió con sus largas piernas por las escaleras y entró al edificio, con el corazón latiéndole en el pecho. Al entrar, encontró a la chica de pelo rizado recuperando su dinero con la recepcionista.

"¿No lo hiciste, verdad?", gritó. "¡Vamos! ¡Salgamos de aquí!"

Mientras los dos volvían a subir a la camioneta y se preparaban para alejarse de ese lugar de muerte, el chico de piernas largas se volvió hacia la chica de pelo rizado y le preguntó: "¿Te casarías conmigo?" Con una gran sonrisa, ella dijo que sí. Y se embarcaron en un nuevo capítulo de su vida como futuros marido y mujer que incluiría al hijo que ella llevaba y, más tarde, una hija.

Responsabilidad: Ser responsable o rendir cuentas, como por una confianza.

Palabras Recordadas

Las palabras de despedida que se les dieron al niño de piernas largas y a la niña de pelo rizado por aquellos que se preocupaban por ellos y querían lo mejor para ellos no se escucharon cuando se dijeron por primera vez. Pero les vinieron a la mente en un momento importante y lo cambiaron todo. A pesar de que esos dos no eran buenos oyentes y cometieron muchos errores en el camino, Dios los encontró y los trajo a sí mismo.

En palabras de la madre del niño de piernas largas, *"Dios llevaba el rostro de un hombre, para que pudiéramos mirarlo siempre"*. Las palabras de su madre eran

ciertas: Jesús, aunque es Dios, lleva el rostro de un hombre para que podamos mirarlo para siempre como nuestro ejemplo y nuestro amigo. No hay rostro más hermoso, amoroso o compasivo que el suyo.

Cuando el niño de piernas largas finalmente aceptó la responsabilidad de sus acciones, dejó atrás sus sueños guerreros y comenzó su viaje como un verdadero guerrero espiritual en la Gran Batalla bajo la bandera del Guerrero Victorioso. Vio al que yace en la oscuridad, cuya casa es la casa de la falsedad, por lo que es: un mentiroso y un destructor.

En palabras del vecino de la niña de cabello rizado, *"Hay Uno que vela por ti, y en tu hora más oscura de necesidad, Él te encontrará, te hará suyo y te dará un hogar donde perteneces"*. Las palabras de su vecino eran ciertas: Dios había velado por la niña de cabello rizado y la había encontrado en su hora más oscura. Él le dio un hogar en su reino y un sentimiento de pertenencia que no podía encontrar en ningún otro lugar. Ella entendió que debía entregarse a Jesús y resistir al maligno que vive en las sombras, el que ya había hecho tanto daño en su vida. Se convirtió en una guerrera espiritual en la Gran Batalla junto al niño de piernas largas.

Gracia Más Allá de la Medida

El chico de piernas largas y la chica de pelo rizado cometieron todos los errores imaginables, pero era el plan de Dios todo el tiempo hacerles un lugar en su reino. ¿Cómo en la tierra podría ser esto? ¡Qué inmerecido! ¡Qué improbable! Ambos llegaron a reconocer la presencia de Dios en sus vidas como un Creador amoroso y guía que envió a su Hijo para que pudieran ser libres de su pecado, incluso su terrible pecado del aborto. Aceptaron el perdón de Jesús con todo su corazón y de rodillas. En profunda gratitud alabaron a Dios por sacarlos de las tinieblas a la luz de una nueva vida.

Muchos matrimonios con los desafíos que enfrentan el chico de piernas largas y la chica de pelo rizado se

> **Esas palabras de sabiduría que se les dijeron a nuestros dos vagabundos, que luego olvidaron rápidamente y finalmente recordaron y atesoraron, esas palabras también son para ti.**

desmoronan. Pero con Jesús en medio de su matrimonio, lo superaron. Descubrieron su identidad en el amor que Dios les extendió. Ahora son guerreros en el ejército del Guerrero Victorioso, y luchan en la batalla espiritual por el bien y contra el mal. Apuntan hacia el bien, y han asumido la comisión y el mandamiento de Jesús de amar a los demás y contar al mundo sobre la nueva vida que se encuentra con Jesús.

Esas palabras de sabiduría que se les dijeron a nuestros dos vagabundos, que luego olvidaron rápidamente y finalmente recordaron y atesoraron, esas palabras también son para ti. Dios se hizo hombre para que tú pudieras conocerlo. Él vivió como hombre y murió para tomar el castigo por tu pecado. Él te ve en tu hora más oscura. Su muerte te libera y te da vida eterna en tu verdadero hogar, el lugar donde perteneces, con él en su reino. Y si, como el chico de piernas largas y la chica de pelo rizado, has cometido todos los errores imaginables, no estás fuera del alcance de Dios. Aunque no lo merezcas y sea improbable, él tiene un lugar para ti en su reino. Esta es la buena noticia.

Como ya habrás adivinado, el chico de piernas largas y la chica de pelo rizado son tus autores. Hemos embellecido algunos de los detalles de nuestra historia, pero los hechos principales son exactamente como los has leído. Nuestra mayor esperanza es que nuestros errores sean usados por Dios para ayudarte a vivir tu mejor vida, lejos de las trampas de la vida lejos de Dios. Cuanto antes te pongas en un camino junto al Guerrero Victorioso, Jesús, antes encontrarás tu identidad como esa perla extraordinaria por la que el mercader estaba dispuesto a dar todo lo que tenía.

Eres tú.

Por quién es él.

Y tú eres invaluable.

> *Y oí una gran voz en el cielo, que decía: Ahora ha venido la salvación, el poder y el reino de nuestro Dios y la autoridad de su Cristo, porque el acusador de nuestros hermanos, el que los acusa delante de nuestro Dios día y noche, ha sido arrojado. Ellos lo vencieron por medio de la sangre del Cordero y por la palabra del testimonio de ellos, y no amaron sus vidas, llegando hasta sufrir la muerte.*
> **(Apocalipsis 12:10-11)**

El maligno ha sido derrotado. Fue derrotado por la sangre derramada por el Cordero de Dios, Jesucristo. Y tu testimonio es parte de la historia de la victoria de Jesús. Sí, ¡tienes un testimonio! El Guerrero Victorioso está en medio de ti, y se regocija por ti con alegría. Jesús es tu Guerrero Victorioso, luchando por ti y luchando a tu lado. ¡En él, tienes la victoria!

Algunas preguntas para ti:

1. ¿Qué te imaginas que la gente que rezaba afuera de la oficina le decía a Dios?

2. ¿Qué terribles errores de vida se niega Dios a perdonar?

3. ¿Sabías todo el tiempo mientras leías este libro que el chico de piernas largas y el de pelo rizado eran tus autores contando su propia historia?

Notas:

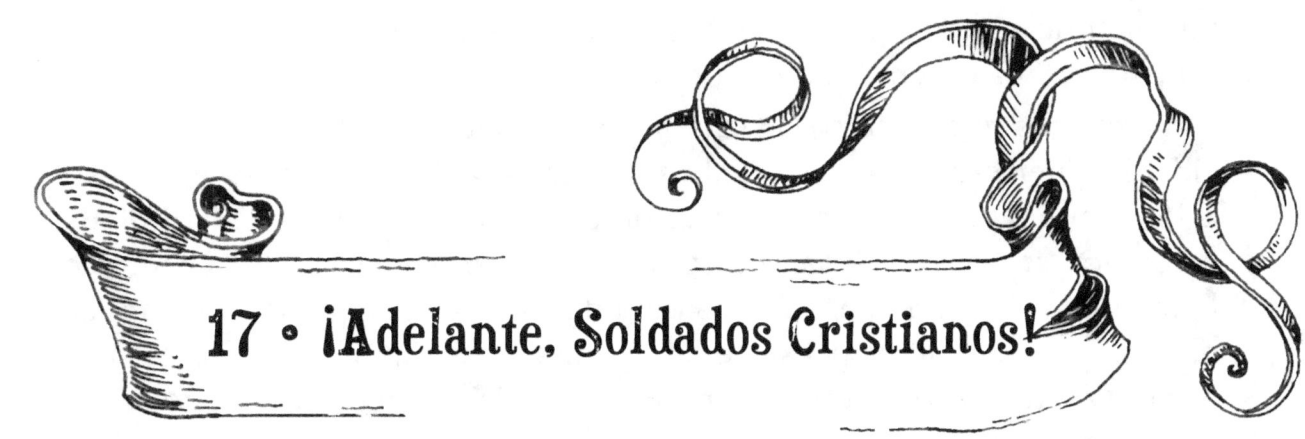

17 • ¡Adelante, Soldados Cristianos!

Comenzamos este libro juntos entrando en un experimento mental. Te imaginaste a ti mismo como un valiente guerrero, vestido con una armadura brillante y con una espada reluciente a tu lado. Imaginaste que estabas en una misión especial con un equipo altamente entrenado, bajo las órdenes del propio rey, elegido porque habías demostrado estar bien entrenado, leal y una persona de carácter. Con la ayuda de este rey y con tu entrenamiento especial, imaginaste que podías completar tu misión y salir victorioso.

Si has decidido ponerte del lado del Guerrero Victorioso, Jesús, este experimento mental ahora es realidad. Estás desarrollando la mentalidad del guerrero. Estás vestido con la armadura espiritual de Dios. A tu lado está tu espada, que es la palabra de Dios que encontramos en la Biblia. Y en verdad, estás en una misión especial dada por Dios con un equipo de guerreros que siguen a Jesús. Estás bajo las órdenes del propio Dios. Él te considera confiable debido a tu dedicación a convertirte en un guerrero espiritual. Con su ayuda y con la mentalidad de guerrero, puedes completar su misión y salir victorioso.

Pero, ¿cuál es la misión de Dios para ti? Tu misión y propósito son creer en Jesús, seguir sus enseñanzas y aprender más sobre él, y contar a otras personas de su bondad para que también puedan ser parte del reino de Dios. La buena noticia, o Evangelio, de Jesús es lo que te da significado y propósito en esta vida y una esperanza de futuro en el cielo después de que mueras.

Ahora ves que el héroe de este libro es el Guerrero Victorioso, Jesús. La vida del guerrero espiritual puede ser muy desafiante, pero tienes su asociación diaria, apoyo y ayuda a través de la oración, la lectura de la Biblia y la comunión con otros cristianos. Apuntar hacia el bien y seguir tu código con la mentalidad de un guerrero te sacará de tu zona de confort y te impulsará de maneras que nunca pensaste que podrías ser impulsado. Al enfrentar el desafío de hacer cosas que no creías que podrías hacer, cosas que la gente común no intenta, creces. No tengas miedo de hacer cosas que son difíciles.

Los guerreros espirituales no son personas ordinarias. Se esfuerzan por el bien y practican la verdad amorosa, persiguiendo la excelencia y sirviendo a los demás. Son los jefes de sus deseos. Son conscientes de que están en una batalla espiritual contra un enemigo muy real, y confían en Jesús para que los fortalezca y les asegure la victoria. Estos guerreros son hechos extraordinarios por su poder. Pertenecen a un ejército que es una multitud que se extiende por todo el mundo e incluye todas las razas y nacionalidades, sin límites, un ejército que se extiende a través de las edades desde milenios pasados hasta el presente y más allá hacia el futuro. Todos los que creen y siguen a Jesús, el Guerrero Victorioso, son parte de su ejército.

> **Jesús es tu ejemplo, tu ayuda, tu salvación, tu rescatador cuando fallas y tu fan número uno.**

Jesús te hará crecer día a día más y más a su semejanza si se lo permites. Él es tu ejemplo, tu ayuda, tu salvación, tu rescatador cuando fallas y tu fan número uno. Jesús quiere más que nada que pongas tu confianza en él y que te dejes moldear en la mejor versión de ti mismo que puedas ser. "La victoria no se encuentra solo al final del camino. Está en cada paso humilde que damos cada día para llegar al final del camino"[1]

---

1. Gabriel Porras, "The Power of Myths," *Radiant Whispers*, RadiantWhispers.com.

Un Nuevo Capítulo

Debido a que has dado este paso y has reclamado tu lugar en el ejército de Dios, apuntando hacia el bien, debes saber que ahora tienes lo que Jesús llama una Gran Comisión. Esta es tu nueva asignación: invitar a otros a aprender de Jesús y unirse a ti en el reino de Dios. Así es como Jesús lo dice:

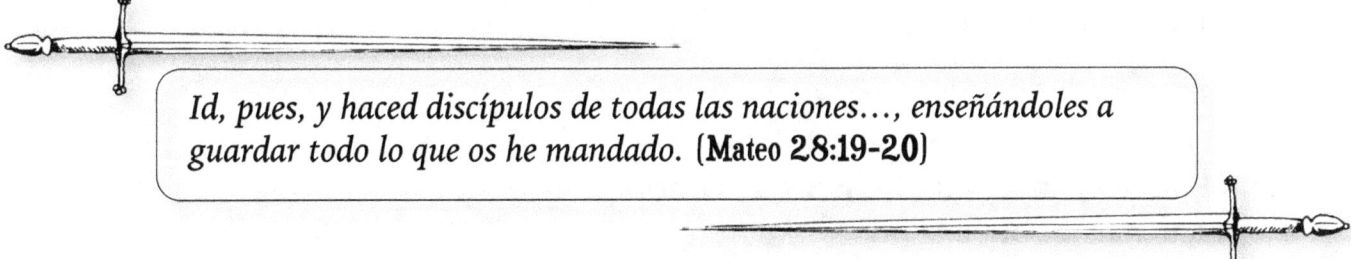

Id, pues, y haced discípulos de todas las naciones…, enseñándoles a guardar todo lo que os he mandado. (Mateo 28:19-20)

Te encuentras junto a algunos de los guerreros más extraordinarios de la historia que se han dedicado a vivir para Jesús y difundir la palabra sobre su amor. Eres parte de un glorioso legado de servicio en esa Gran Batalla. Te paras sobre los hombros de guerreros tan inspiradores como Mateo, Marcos, Lucas y Juan, el apóstol Pablo, San Francisco de Asís, Juana de Arco, William Tyndale, George Washington, William Wilberforce, Sojourner Truth, David Livingston y la Beata Madre Teresa, entre innumerables otros, la mayoría de cuyos nombres solo Dios recuerda.

¡Celebra tu victoria bajo la bandera de Jesús, y dile al mundo de la victoria con Jesús a tu lado!

Algunas preguntas para ti:

1. ¿Cómo te ha empujado y desafiado el convertirte en un guerrero espiritual?

2. ¿Cómo ha sido la vida de Jesús un ejemplo para ti? ¿Cómo ha sido Jesús un amigo para ti?

3. ¿Puedes pensar en alguien que conozcas que pueda estar interesado en escuchar las buenas nuevas sobre Jesús?

Notas:

El S<small>EÑOR</small> te bendiga y te guarde; el S<small>EÑOR</small> haga resplandecer su rostro sobre ti, y tenga de ti misericordia; el S<small>EÑOR</small> alce sobre ti su rostro, y te dé paz. **(Números 6:24-26)**

Créditos Artísticos

Ofrecemos nuestro tributo de agradecimiento a la obra de Chrétien de Troyes, Perceval, que inspiró nuestra historia, particularmente las palabras de sabiduría ofrecidas a nuestros dos héroes.

La mayoría de los dibujos de este libro se tomaron de grandes ejemplos de arte encontrados en el dominio público, gracias a Wikimedia Commons {{Public Domain}}:

Yoshitoshi Taiso, "Ronin"

Philippe Jacques de Loutherbourg, "Vision of the White Horse"

Hokusai, "Archers"

"Turning Bear, Sioux Warrior"

Charles William Meredith van de Velde, "Le Pays d'Israel"

Hans Burgkmair, "The Triumph of Maximilian I"

Adolf Rosenberg, Eduard Heck, "Geschichte des Kostüms"

Renata, "Chessboard in Blackwork Embroidery, Using Holbein Stitch"

Tomasz Sienicki, "Nautical Compass"

Brújulas magnéticas, 1940

Joan Blaeu, "Map of Yugorsky Strait," 1659

Sarah Brewer Bonebright, "Reminiscences of Newcastle, Iowa"

Josef Manes, "St. George"

Theodore de Boy, "Nova Zembla and the Northeast Passage"

Giovanni Battista Cavallini, "Atlas Nautiche de la Mer Méditerranée"

David Daniel Davis, "The Principles and Practices of Obstetric Medicine"

Thaler, "Magyar: Festetics-palota"

Antonio del Ceraiolo, "St. Lawrence"

Alain Manesson Mallet, "View of Yerevan, Description de L'Universe" (1685) and "Plan de l'église du Saint Sépulchre et du Mont-Calvaire à Jérusalem" (1683)

Albrecht Dürer, "St. Hubertus, auch Eustachius genannt"

Bookman Ornaments

Gertrud Caspari, "Kinderhumor Storch"

Gordon Ross, "Matrimonial Primer"

Nederlands: Afbeelding van tien heraldische kronen, bekroningen van een wapen

Portada del libro para Leon Gautier's "La Chevalerie (Chivalry)"

"A Zulu Warrior," de Joseph Forsyth Ingram's *The Lands of Gold, Diamonds and Ivory*

Agradecemos a los siguientes artistas de Pixabay por sus patrones y otras obras de arte misceláneas:

David Zydd, Yousz, Yoytu, Merio, Aquamarine_song, GDJ, bjcox86, Arsty-Bee, Ginger Tea, Pexels, GDJ, Geralt, Yayangart, Kan-art, Clker-Free-Vector-Images, Graphicnet

Recursos

Para pedidos de libros, envíe un correo electrónico a info@RaeLochPublishing.com.

Los autores Jerry y Michelle Shelfer dirigen una organización sin fines de lucro llamada Prepare a Room Ministries, que existe para ofrecer la obra sanadora de la cruz a aquellos que han sido heridos por el aborto y la cultura de la muerte. Este ministerio se puede encontrar en:

VictoriousWarrior.org
PrepareaRoom.com
TheFoundlings.net
@PrepareaRoom